Wintercocktails

Wintercocktails

~ Heiß und kalt ~

von
Maria Del Mar Sacasa

Fotos von Tara Striano

Bassermann

ISBN: 978-3-8094-3350-7

1. Auflage

© 2014 by Bassermann Verlag, einem Unternehmen der Verlagsgruppe Random House GmbH, 81673 München

Die deutsche Ausgabe ist eine gekürzte Version der amerikanischen Ausgabe.

Text Copyright © 2013 der amerikanischen Originalausgabe by Quirk Productions, Inc.; erstmals veröffentlicht by Quirk Books, Philadelphia, Pennsylvania.

Umschlaggestaltung: Atelier Versen, Bad Aibling

Layout: Katie Hatz mit Ausnahme der Gestaltung der Aufmacherseiten in der deutschen Ausgabe (S. 8, 24/25, 40/41, 68/69, 86/87, 110/111)

Projektleitung: Birte Schrader

Übersetzung: Dr. Ulrike Kretschmer, München

Bildredaktion: Sabine Kestler

Fotografie: Tara Striano mit folgenden Ausnahmen: S. 122: Portrait von Geraldine Pierson und Make-up von Lea Siegel von Ferny Chung Studios; Portrait auf der U3: von Benoit Mouthon; Aufmacherfoto (S. 8, 24/25, 40/41, 68/69, 86/87, 110/111): shutterstock/RF: 7, 8, (iravgustin)

Food-Styling: Penelope Bouklas und Emily Rickard

Herstellung: Reinhard Soll

Redaktion, Satz, Producing: Dr. Alex Klubertanz, Garmisch-Partenkirchen

Druck und Bindung: Druckerei Theiss, St. Stefan

Printed in Austria

Verlagsgruppe Random House FSC® N001967

Inhalt

Die Welt der Wintercocktails

Wenn es allmählich Winter wird, stiehlt sich dämmerig-blaues Licht Tag für Tag etwas früher in den Nachmittag hinein, und das sommerliche Liebkosen des Windes verwandelt sich in ein schneidendes Peitschen. Herbst und Winter mögen ihre trostlosen Augenblicke haben, doch bieten farbenprächtiges Laub und leise rieselnder Schnee auch Momente der Verzauberung und Stille. In dieser Zeit des Jahres Freunde um sich zu versammeln, schenkt uns Trost und Wärme, bis der Sommer wiederkehrt.

Dieses Buch bietet das perfekte Gegenmittel zu klirrend kalten Tagen und frostigen Abenden. Neben saisonalen Klassikern wie Glühwein und Grog finden Sie gehaltvollere Getränke wie kreative Eierpunschvarianten und heiße Schokolade in Luxusausführung. Gekühlte Wintercocktails, denen Spirituosen und scharfe Gewürze das nötige Feuer verleihen, runden die Sammlung ab.

Das Herz dieses Buches sind die Rezepte, seine Seele jedoch besteht im Geist der Geselligkeit, die beim Zubereiten und Genießen der Wintercocktails entsteht. Also: Kamin anzünden, zusammenrücken – und anstoßen!

Basics aus Vorratskammer und Kühlschrank

Viele der Zutaten, die Sie für die Rezepte benötigen, haben Sie wahrscheinlich ohnehin schon zu Hause – allerdings kann es nie schaden, den Vorrat mit weiteren Cocktailingredienzien aufzustocken. Im Lauf der Zeit werden sich Ihre Lieblingsdrinks herauskristallisiert haben, die Sie dann problemlos mit Zutaten aus dem Vorratsschrank zubereiten können.

Apfelwein/Most: Dieses Obstgartenelixier bildet die Grundlage zahlreicher Getränke. Sie bekommen ihn entweder direkt beim Erzeuger oder im Getränkefachhandel. Auch in gut sortierten Supermärkten ist er mittlerweile erhältlich. Ersetzen Sie ihn nicht durch schlichten Apfelsaft, dem fehlt es an Spritzigkeit.

Bacon/Schinkenspeck: Mittlerweile hat die geräucherte Schweinerei ihren Weg auch in die Cocktailküche gefunden: beispielsweise beim Einlegen in Alkohol und zum Garnieren. Wählen Sie hochwertigen Bacon in dicken Scheiben, der ein intensives Aroma hat.

Chilischoten: Frische Chilischoten wie Jalapeños und ihr extrascharfer Bruder, der Spanische Pfeffer, ergeben zusammen mit Tequila eine unwiderstehlich intensive Bloody María (siehe S. 107). Achten Sie beim Kauf darauf, dass die Schoten fest und glatt sind. Wer es weniger scharf mag, entkernt die Schoten vorher.

Eier: Für jedes Rezept in diesem Buch, in dem Eier verwendet werden – etwa beim Eierpunsch –, brauchen Sie Eier der Größe L. Waschen Sie die Eier vor Gebrauch, um das Salmonellenrisiko zu minimieren. Eier lassen sich leichter schlagen und unterrühren, wenn sie Raumtemperatur haben.

Frische Kräuter: Rosmarin, Thymian und Salbei kommen als Zutaten in diesem Buch häufig vor. Um frische Kräuter möglichst schonend zu reinigen, legen Sie sie eine Weile in eine große Schüssel mit kaltem Wasser. Gießen Sie die Kräuter ab und wiederholen Sie den Vorgang, bis sich nichts mehr am Boden der Schüssel absetzt. Verwenden Sie die Kräuter entweder sofort oder legen Sie sie in feuchtes Küchenpapier gewickelt ins Gemüsefach des Kühlschranks.

Frisches Obst und Gemüse: Auch dies kommt in den Rezepten in diesem Buch häufig zum Einsatz. Äpfel, Birnen, Ananas, Zitronengras, frischer Ingwer und Zitrusfrüchte wie Orangen, Limetten und Kumquats sind in der Regel leicht erhältlich. Schwieriger wird es bei Blutorangen, besonders außerhalb der Saison. In vielen Fällen sind die Zitrusfrüchte aber untereinander austauschbar.

Gesüßte Kondensmilch: Diesen süßen Schatz sollten Sie immer im Vorratsschrank haben – nicht zuletzt, weil man damit auch ein schnelles Dessert zaubern kann. Einfach über etwas Schokoeis gießen, fertig. Und Maríitas Alexander (siehe S. 90) geht gar nicht ohne!

Getrocknete essbare Blüten: Getrocknete Lavendel-, Kamille- und Rosenblüten geben ihren zarten Duft an die etwas ätherischeren Drinks in diesem Buch ab. Inzwischen bekommen Sie essbare Blüten auch in manchen Supermärkten; zusätzliche Einkaufsmöglichkeiten finden Sie bei den Bezugsquellen (siehe S. 124).

Gewürze: Ganze Nelken, Piment, Zimtstangen, Muskatnüsse, schwarze Pfefferkörner und rosa Pfeffer sind unverzichtbar für viele Glühweinkompositionen und zum Garnieren. Eine lange Lagerung und Wärme bekommen Gewürzen in der Regel nicht gut; bewahren Sie sie deshalb an einem kühlen, trockenen Platz auf und kaufen Sie sie nicht in großen Mengen ein. Für die Rezepte in diesem Buch müssen die Gewürze meist trocken, also ohne Fett angeröstet werden – so verströmen sie ihr Aroma optimal. Die meisten hier erwähnten Gewürze finden Sie im Supermarkt; andere, z.B. Roten Pfeffer, müssen Sie vielleicht bestellen.

Honig: Dieses natürliche Süßungsmittel wird in diesem Buch besonders gern verwendet, vor allem in Sirupform (siehe S. 118). Ich bevorzuge dunklen Rohhonig, doch die Wahl bleibt selbstverständlich Ihnen überlassen.

Ingwerbier/Ginger Beer: Ginger Ale gehört meines Erachtens zu den erfrischendsten kohlensäurehaltigen Limonaden überhaupt. Schärfer und würziger schmeckt jedoch Ingwerbier, auch unter der englischen Bezeichnung »Ginger

Beer« erhältlich. Weder Ginger Ale noch Ginger Beer enthalten Alkohol, sind aber willkommene Zutaten in verschiedenen Cocktails.

Kaffee: Mehrere Rezepte in diesem Buch basieren auf Kaffee, darunter der Vietnamesische Alexander (siehe S. 90). Nehmen Sie einfach Ihren Lieblingskaffee und mahlen Sie, wenn möglich, die Bohnen frisch. Bei kleineren Mengen können Sie dafür auch eine Gewürzmühle verwenden. Brühen Sie den Kaffee immer frisch auf – egal ob in der Espressomaschine, als Filterkaffee oder von Hand.

Kakaopulver: Nach der Ernte werden die Kakaobohnen geröstet. Die Schalen und Kerne, die sogenannten Kakaonibs oder Kakaobohnenbruchstücke, werden voneinander getrennt; Letztere werden gemahlen und erhitzt, wobei die Kakaomasse entsteht. Aus dieser extrahiert man die Kakaobutter, übrig bleibt das Kakaopulver. Kakaopulver ist von Natur aus leicht säurehaltig, weshalb es in manchen Ländern mit einer Lauge behandelt wird. Dadurch wird das Kakaopulver etwas dunkler und milder im Geschmack. Welche Sorte Sie bei der Zubereitung von Getränken verwenden, spielt keine Rolle; nur beim Backen sollten Sie sich genau an das Rezept halten.

Milchprodukte: Vollmilch und Schlagsahne brauchen Sie für heiße Schokolade und milchhaltige Drinks wie den White Russian (siehe S. 108).

Nüsse: Ganze Haselnüsse, Mandeln, Macadamianüsse und Pekannüsse tauchen ebenfalls in den Rezepten in diesem Buch auf. Da Nüsse sehr fetthaltig sind, können sie ranzig

werden und so den Geschmack der mit ihnen zubereiteten Speisen und Getränke verderben. Länger halten sie sich in luftdichten Behältern oder Plastiktüten im Gefrierfach.

Pfeffer: Frisch gemahlener schwarzer Pfeffer ist ein Muss in vielen Rezepten. Wird der Pfeffer bereits gemahlen gekauft, ist er meist weniger aromatisch. Eine besondere geschmackliche und optische Note verleiht rosa Pfeffer. Der passt nicht nur zu Cocktails, sondern auch zu vielen originellen Gerichten.

Salz: Ich verwende für Cocktails immer grobes Salz und zum Garnieren Maldon-Meersalz. Die großen Salzkristalle lösen sich in warmen Speisen und Getränken nur langsam auf und knuspern schön, wenn man sie über Kaltes gestreut hat.

Schokolade: Ich verwende für meine Rezepte immer Zartbitterschokolade, da sie intensiver schmeckt als Vollmilchschokolade. Wählen Sie eine Sorte mit einem Kakaoanteil von 60 bis 70 Prozent. Weiße Schokolade ist ein Schokoladenderivat. Beim Herstellungsprozess werden die festen Bestandteile der Kakaobohne von den anderen Bestandteilen getrennt und erst später wieder zusammengeführt. Bei weißer Schokolade lässt man die festen Bestandteile dann weg; sie besteht aus Kakaobutter, Milch, Zucker, Vanille und Emulgatoren wie Lecithin. Achten Sie darauf, dass die weiße Schokolade, die Sie kaufen, auch wirklich Kakaobutter enthält; qualitativ minderwertigere Ware wird mit Pflanzenfetten hergestellt.

Sodawasser: Das geschmacksneutrale, mit Kohlensäure angereicherte Wasser verleiht den Cocktails Spritzigkeit und balanciert starke Alkohole aus, ohne den Geschmack zu beeinträchtigen. Kaufen Sie eher kleine Flaschen und lagern Sie diese im Kühlschrank, so bleibt das Sodawasser länger spritzig und frisch.

Tee: Ich braue Teegrundlagen für meine Cocktails immer sehr stark auf und vermerke in den Rezepten deshalb auch das Verhältnis von Tee zu Wasser. Doch natürlich können Sie dies auch variieren. Taucht in den Rezepten Kamillentee oder Earl Grey auf, sollten Sie diesen keinesfalls ersetzen; Grogs können Sie dagegen mit einem Tee Ihrer Wahl zubereiten. Lose Teeblätter eignen sich in der Regel etwas besser, aber auch gegen Teebeutel ist nichts einzuwenden. Als Faustregel gilt: 1 Teelöffel Tee auf 180 bis 240 Milliliter kochendes Wasser. Lassen Sie den Tee 2 bis 3 Minuten ziehen, seihen Sie ihn dann ab und lassen Sie ihn bei Bedarf abkühlen.

Tonic Water: Dieses kohlensäurehaltige Erfrischungsgetränk ist mit Chinin angereichert und Bestandteil des Klassikers Gin Tonic. Kaufen Sie nach Möglichkeit Tonic Water mit echtem Chinin, nicht mit synthetischen Geschmacksstoffen und Zusätzen wie Maissirup.

Zucker: Kristallzucker, Puderzucker und braunen Zucker brauchen Sie für zahlreiche Cocktails und Heißgetränke, vom Irish Coffee bis zur Sangría. Am besten haben Sie immer verschiedene Sorten vorrätig.

Das sollte in keiner Bar fehlen

Da ich meine Drinks am liebsten pur und unverdünnt mag, also etwa einen guten Bourbon on the rocks oder einen Martini mit Gin, ist meine Bar auch mit diesen Sorten Alkohol ausgestattet. Daneben finden sich noch Angosturabitter, St.-Germain-Holunderblütenlikör und Kahlúa. Natürlich müssen Sie nicht jeden Alkohol, der in den Rezepten verwendet wird, zu Hause haben – sonst sieht es bei Ihnen bald wie in einer richtigen Bar aus. Kaufen Sie zunächst einmal die Zutaten für Ihre Lieblingsdrinks ein. Spirituosen halten sich allerdings sehr lange, Sie können sich also problemlos eine Flasche Crème de Cassis in den Schrank stellen, auch wenn Sie den Likör aus schwarzen Johannisbeeren nur hin und wieder brauchen.

Aguardiente: Wörtlich übersetzt bedeutet das spanische Wort »brennendes Wasser« und meint Spirituosen mit 40 bis 45 Vol.-% Alkohol. Aguardiente wird aus Früchten, Getreide und Zuckerrohr destilliert.

Amaretto: Der süße, nach Mandeln schmeckende Likör wird häufig nach dem Essen serviert oder mit Sour Mix (selbst gemacht siehe S. 120) kombiniert. Der Heißen Schokolade (siehe S. 54) verleiht er eine besondere Note.

Applejack: Die kräftige Spirituose wird aus Äpfeln destilliert und bildet die Basis für unsere Bowle Obstgartenfest (siehe S. 77).

Bärenjäger: Der Honiglikör auf Wodkabasis kommt aus Deutschland und schmeckt sehr intensiv nach Honig. Man verwendet ihn in Champagnercocktails und in Tausendundeiner Nacht (siehe S. 51).

Bier: Manche Historiker nehmen an, dass das erste Getreide, dass die Menschen anbauten, nicht zum Verzehr, sondern zum Vergären genutzt wurde. Bier ist so alt wie der Ackerbau und hat entsprechend viele Gesichter: Neben den bekannteren Varianten kommt es auch als gehopftes India Pale Ale, als kräftiges dunkelbraunes Stout oder als feines, mit Gewürzen aromatisiertes Craft Beer daher. In diesem Buch taucht es im Gewand eines nach Pfirsich schmeckenden belgischen Lambics auf (siehe S. 104).

Bitter: Viele Bitter sind mit Kräutern, Wurzeln, Zitrusschalen, Samen, Blüten und Früchten angesetzt, vom bekannten Angostura bis hin zum ungewöhnlichen, alkoholreich-fruchtigen Pflaumenbitter. Da sie hochkonzentriert sind, werden sie nur schussweise zugegeben – etwa wie Salzprisen beim Kochen.

Bourbon: Der amerikanische Whiskey wird aus einer Getreide-mischung destilliert, die mindestens 51 Prozent Mais enthalten muss. Der Rest besteht in der Regel aus Gerste, Weizen und/oder Roggen. Bourbon reift in geflammten Eichen-fässern, die ihm sein typisches rauchiges Aroma verleihen. Ameri-kanischer Whiskey gehört zu meinen Lieblingsspirituosen und hat es in sich: Der Alkoholgehalt kann bis zu 80 Vol.-% betragen!

Brandy: Diese äußerst beliebte Spirituose wird aus Wein destilliert. Cognac beispielsweise ist ein Brandy mit geschützter Herkunftsbezeichnung – ein Weinbrand aus der gleichnamigen französischen Region –, aber nicht jeder Brandy ist ein Cognac. Brandys werden oft mit Früchten aromatisiert; die Birnenvariante – auch als Eau de vie de poire bekannt – kommt in diesem Buch zum Einsatz (siehe S. 34).

Chambord: Den süßen und sirup-artigen französischen Himbeerlikör erkennt man ganz leicht an seiner charakteristischen runden Flasche mit dem goldenen Verschluss. Ein kleiner Schuss reicht zum Aufpeppen verschiedener Cocktails schon aus.

Champagner: Die Legende, dass ein französischer Mönch namens Dom Pérignon den Champagner erfunden haben soll, ist leider nur das – eine Legende; allerdings würde ich die Worte, die er beim Verkosten ausgerufen haben soll (»Ich schmecke Sterne!«), trotzdem gerne glauben. Ein Schaumwein darf sich nur dann Champagner nennen, wenn die Trauben, aus denen er hergestellt wird, aus der französischen Champagne stammen. Champagner stellt eine nahezu unverzichtbare Zutat zu Punsch und Bowle dar (siehe S. 69ff.), er kann jedoch auch durch andere Schaumweine ersetzt werden. Servieren Sie Champagner und anderen Schaumwein immer nur gut gekühlt, die Trinktemperatur sollte etwa 7 °C betragen. Legen Sie die Flasche rund sechs Stunden vor dem Servieren in den Kühlschrank oder für 45 Minuten in einen vollständig gefüllten Eiskübel. Zum richtigen Öffnen der Flasche siehe Seite 21.

Crème de Cacao: Der Likör mit Schokoladenaroma wird aus Kakaobohnen hergestellt und ist in einer braunen und in einer weißen Variante erhältlich.

Crème de Cassis: Der Likör aus schwarzen Johannisbeeren hat als Basis einen Traubenweinbrand oder eine neutrale Spirituose. Er ist süß und dunkelrot und als Zutat in Cocktails sehr beliebt, etwa im Kir Royal oder in der Klassischen heißen Schokolade (siehe S. 52).

Domaine de Canton: Während der Kolonialzeit in Südostasien entwickelten die Franzosen eine Vorliebe für exotische Gewürze. Dieser Likör schmeckt würzig und scharf nach frischem Ingwer und verleiht Cocktails wie der Margarita Roter Lippenstift (siehe S. 103) das gewisse Extra. Auch in Bourbon und Ginger Beer macht sich ein Spritzer Domaine de Canton gut.

Gin: Bei Gin denkt man unweigerlich an Badewannen und die Prohibition. Destilliert wird er aus Getreide, Kräutern und Gewürzen, vor allem aus Wacholderbeeren. Lange schrieb man dem Getränk medizinische

Wirkungen zu, heute bekennt man sich zum Gebrauch als Cocktailzutat. Sie können der klaren, eher geschmacksneutralen Spirituose durch das Ansetzen mit Früchten, Kräutern o. Ä. (siehe S. 114ff.) Ihre Lieblingsnote verleihen.

Kahlúa: Der Kaffeelikör auf Zuckerrohrbasis schmeckt sehr intensiv und sollte vorsichtig dosiert werden.

Portwein: Der Likörwein bzw. verstärkte Wein aus Portugal ist vor allem in seiner lohfarbenen Variante bekannt. Er wird gewöhnlich nach dem Essen getrunken; wir servieren ihn warm und gewürzt als perfektes Wintergetränk (siehe S. 37).

Prosecco: Prosecco ist – wie der Champagner – ein moussierender Weißwein, der seine Heimat in Italien hat. Bewahren Sie die Flaschen gekühlt auf und verwenden Sie sie für Bowlerezepte (siehe S. 69ff.).

Rotwein: Das Thema Rotwein füllt normalerweise ganze Bücher, deshalb konzentrieren wir uns hier auf die Sorten, die in den Rezepten verwendet werden. Da der Wein mit anderen Zutaten gemischt wird, müssen Sie nicht zum Allerteuersten greifen; wählen Sie auf jeden Fall trockenen Wein wie Rioja, Zinfandel oder Cabernet Sauvignon.

Rum: Yo, ho, ho …! Bei der Herstellung von Rum wird Zuckerrohr zu zähflüssiger Melasse aufgekocht, die dann später destilliert und vergoren wird. Dunkler Rum ist in Eichenfässern gereift, er changiert zwischen Sonnenuntergangsgold und dunklem Mahagoni. Er schmeckt intensiver als heller Rum, der nicht gereift ist und deshalb keine Farbe angenommen hat.

St-Germain: St-Germain ist der originale französische Holunderblütenlikör. Die Blüten werden während der kurzen Saison in den Alpen von Hand gepflückt und dann zu diesem süßen, blumigen Likör verarbeitet.

Tequila: Der mexikanische Agavenbrand wird aus der blauen Agave *(Agave tequilana)* destilliert, einer Sukkulente mit fleischigen, spitz zulaufenden Blättern. Die klare, junge Variante, der sogenannte weiße Tequila, findet in Cocktails wie der Margarita (siehe S. 102) Verwendung, sorgfältig gereifte Versionen wie den Tequila Gold und den *añejo* trinkt man gern pur. Tequila ist ein sehr komplexes und hocharomatisches Getränk, das in der jungen Version dennoch gut mit anderen Aromen wie Koriander oder Chili harmoniert.

Weißwein: Auch um sich dem Thema Weißwein angemessen zu widmen, reicht der Platz in diesem Buch nicht aus. Deshalb nur kurz: Wählen Sie mittelpreisige Weine, die Sie gut kühlen. Für die Rezepte in diesem Buch eignen sich intensivaromatische Weißweine wie Riesling am besten.

Wodka: Wodka bildet das Rückgrat vieler Cocktails in diesem Buch. Die klare, praktisch geruchlose Spirituose aus Russland wurde ursprünglich aus Kartoffeln destilliert; heute gibt es auch Wodkasorten aus Getreide oder Zucker. Wie Gin eignet sich auch Wodka bestens zum Ansetzen von Früchten, Kräutern und dergleichen mehr (siehe S. 114ff.). Häufig sind in diesen Rezepten Gin und Wodka austauschbar.

Barutensilien und Zubehör

Einen Cocktail zuzubereiten kann so einfach sein wie eine Spirituose in ein sauberes Glas zu gießen – mehr tun Sie bei einem Whisky pur nicht –, für aufwendigere Mixturen brauchen Sie allerdings ein paar Utensilien. Im Folgenden dazu einige Tipps.

Backformen und Metallschüsseln: Diese eignen sich ideal für die Zubereitung großer Eisstücke zum Kühlen von Bowlen. Für Granitas empfiehlt sich eine rechteckige Backform (ca. 30 x 20 cm).

Barlöffel und Stirrer: Mit dem langen Barlöffel mischen Sie die Flüssigkeiten bei der Zubereitung, Stirrer (Rührstäbe) geben Sie zum Umrühren ins Glas.

Barmaß/Jigger: Um Drinks im richtigen Verhältnis zu mischen, brauchen Sie einen Messbecher. Dieser besteht traditionellerweise aus Edelstahl und hat die Form einer Sanduhr mit zwei getrennten Kammern zum Abmessen der Flüssigkeiten.

Barsieb/Strainer: Das kleine Sieb passt perfekt auf den Shaker. Bei mehreren gekühlten Getränken in diesem Buch (siehe S. 87ff.) müssen die Zutaten und das Eis vor dem Servieren des Drinks abgeseiht werden.

Bowleschüsseln: Die Rezepte in diesem Buch ergeben alle knapp 3 Liter Bowle. Eine Bowleschüssel wäre ideal, es geht aber auch mit jedem anderen größeren Gefäß wie einer Salatschüssel oder einer Karaffe.

Eisformen: Eiswürfel sind zum Kühlen unverzichtbar. Achten Sie darauf, sie nicht unnötig lange im Drink zu belassen, wo sie schmelzen und das Getränk verwässern können. Mittlerweile gibt es viele ausgefallene und optisch ansprechende Eisformen zu kaufen, die beste Adresse dafür sind gut sortierte Haushaltswarengeschäfte.

Eiskübel und Eiszange: Die sind zwar nicht unbedingt notwendig, erleichtern die Arbeit aber enorm.

Flaschenöffner: Diesen brauchen Sie für das Öffnen von Bier- und Limonadenflaschen.

Geschirrtücher: Kleine, saubere Geschirrtücher sollten Sie immer zur Hand haben.

Korkenzieher: Schraubverschlüsse setzen sich zwar auch bei Weinflaschen immer mehr durch, meist brauchen Sie aber immer noch einen Korkenzieher.

Küchenmesser: Ein gutes Küchenmesser – oder mehrere in verschiedenen Größen – ist unverzichtbar zum Zerkleinern fester Zutaten wie z.B. Limetten.

Luftdicht verschließbare Flaschen und Gläser: Diese eignen sich ideal zum Vorbereiten und Aufbewaren von Getränken. Sie sollten vorher immer gründlich gereinigt werden.

Schneidebretter: Auch die brauchen Sie zum Zerkleinern fester Zutaten.

Shaker: Cocktailshaker gibt es in drei Varianten; welchen Shaker Sie verwenden, bleibt Ihrer persönlichen Vorliebe überlassen. Der *Boston-Shaker* ist zweiteilig: In den Edelstahlteil geben Sie die Zutaten, mit dem Glasteil verschließen Sie den Shaker vor dem Schütteln. Der *Cobbler Shaker* besteht aus einem Edelstahlteil, einem eingebauten Strainer (Barsieb) und einem Verschluss. Der *French Shaker* besteht aus einem Unterteil aus Metall und einem Metalldeckel; hier brauchen Sie zusätzlich ein Barsieb.

Sieb: Ein feines Sieb eignet sich zum Abgießen von Zutaten.

Stieltopf, Kochtopf und kleine Pfannen: Töpfe und Pfannen brauchen Sie beispielsweise zur Zubereitung von Sirup (siehe S. 118f.), Glühwein (siehe S. 33ff.) und zum Anrösten von Gewürzen. Zur Herstellung von Karamell (siehe S. 20) empfehlen sich Töpfe aus Edelstahl.

Stößel: Damit zerstoßen Sie Zutaten wie frische Kräuter. Er ist meist aus Holz und erinnert an einen kleinen Baseballschläger. Zur Not tut es auch ein stabiler Holzlöffel mit dickem Griff.

Zitrusfruchtpresse oder Entsafter: Zitrusfruchtpressen gibt es in unendlich vielen Varianten, von der kleinen Handpresse, bei der Sie viel Kraft aufwenden müssen, bis zu größeren Modellen mit Hebelwirkung. Sie können die Frucht natürlich auch einfach halbieren und mit der Hand auspressen. Auch eine Gabel leistet hier gute Dienste.

Das Gläsersortiment

Ich persönlich mache um Gläser nicht allzu viel Aufhebens und serviere die Cocktails in was auch immer ich gerade zur Hand habe. Stilvoller ist es natürlich, für jedes Getränk das passende Glas zu wählen. Wichtig ist zum einen die Größe, zum anderen aber auch die Form, denn in unterschiedlichen Gläsern entfalten sich die Getränke auch unterschiedlich.

Champagnergläser: In den edlen und schlanken Champagnerkelchen oder Champagnerflöten können Sie den Schaumwein hübsch perlen sehen, während sich die gedrungeneren Champagnerschalen definitiv besser reinigen lassen.

Cocktail- oder Martinigläser: Diese Gläser haben einen dünnen Stiel und kegelförmige Schalen. Mittlerweile gibt es sie auch stiellos.

Collins-Glas: Die hohen und schlanken Gläser fassen etwa 300 bis 350 Milliliter.

Longdrinkglas: Dieser hohe Tumbler ist etwas breiter und kürzer als das Collins-Glas und fasst 240 bis 350 Milliliter.

Irish-Coffee-Glas: Die Becher mit Fuß sind hitzebeständig und damit bestens für heiße Getränke wie Irish Coffee oder Glühwein geeignet. Das Fassungsvermögen beträgt 240 bis 350 Milliliter.

Becher: Die gedrungenen schweren Gefäße haben einen praktischen großen Henkel. Durch ihre Dickwandigkeit halten sie die Getränke lange warm, vor allem, wenn die Becher vorgewärmt werden. Sie eignen sich für alle Kaffeespezialitäten und heiße Schokolade (siehe S. 41 ff.).

Tumbler: Die kurzen Gläser mit dem dicken Boden fassen zwischen 150 und 300 Milliliter und kommen traditionellerweise bei bestimmten Cocktails wie dem Old Fashioned sowie dem Black und dem White Russian (siehe S. 108) zum Einsatz.

Wodkaglas: Die kleinen Schnapsgläser oder »Stamperl« fassen nur etwa 45 Milliliter und eignen sich ideal auch zum Abmessen kleinerer Mengen Flüssigkeit.

Weingläser: Auch über Weingläser könnte man ganze Bücher schreiben, so vielfältig sind die Empfehlungen, welches Glas zu welchem Wein passt. Hier (siehe S. 87 ff.) passt auch die stiellose Variante.

Manche mögen's heiß, manche lieber kalt

Ein Plus beim Servieren heißer Getränke ist das Vorwärmen der Gefäße, damit der Inhalt nicht so schnell abkühlt. Halten Sie die Tasse 1 bis 2 Minuten unter heißes Wasser, trocknen Sie sie ab und stellen Sie sie bis zum Gebrauch in den vorgeheizten Ofen. Legen Sie umgekehrt Gläser für gekühlte Getränke vor dem Servieren für 5 Minuten ins Gefrierfach.

Eisformen

Verwenden Sie für Bowlen wie etwa die Sweet Surrender (siehe S. 72) am besten keine Eiswürfel, sondern größere Eisstücke. So bleibt die Bowle kühl, verwässert aber nicht so schnell. Außerdem hat das geformte Eis auch optisch etwas zu bieten, insbesondere dann, wenn Sie das Wasser mit farbenfrohen Früchten wie z. B. Beeren einfrieren. Als Eisform können Sie jede beliebige Backform verwenden, mein Liebling ist die Gugelhupfform. Inzwischen gibt es aber auch Formen für größere Eiswürfel zu kaufen.

Schritt 1

Füllen Sie eine Gugelhupfform mit Wasser und stellen Sie sie für einige Stunden ins Gefrierfach.

Schritt 2

Um das Eis aus der Form zu lösen, halten Sie die Form so lange unter warmes Wasser, bis sich das Eis zu lösen beginnt. Stürzen Sie das Eis mithilfe eines sauberen Geschirrhandtuchs aus der Form.

Schritt 3

Legen Sie den Eisblock in die Bowleschüssel oder in ein anderes im Rezept angegebenes Gefäß.

Zerstoßen

Beim Zerstoßen lösen sich die Aromen besser aus den Zutaten. Geben Sie dazu Kräuter oder andere Zutaten wie frischen Ingwer oder Zitronengras in den Shaker und zerstoßen Sie sie sanft mit einem Stößel. Oft wird noch Zucker oder Salz dazugegeben, um die Reibung zu erhöhen. Übertreiben Sie es vor allem bei Kräutern nicht – diese brauchen nur wenig Druck, um ihre natürlichen Aromen abzugeben. Am besten verwenden Sie einen Stößel; doch auch der Stiel eines Holzlöffels leistet gute Dienste.

Schritt 1

Geben Sie die Zutaten, die zerstoßen werden sollen, in den Shaker oder ein Glas.

Schritt 2

Drücken Sie sie mit dem Stößel sanft gegen den Rand des Shakers oder des Glases, bis die Kräuter leicht zerrieben und die Früchte zerstoßen sind.

Schritt 3

Nun kommen die im Rezept verlangten Flüssigkeiten oder das Eis hinzu. Nach Anleitung schütteln und abgießen und feste Bestandteile entsorgen.

Zucker- oder Salzränder

Ränder in verschiedenen Geschmacksrichtungen verleihen Cocktails ein zusätzliches Aroma. Dabei wird der Glasrand mit einer Zutat angefeuchtet und dann in eine trockene Zutat wie z. B. Salz getaucht. Veredeln können Sie das Ganze noch mit Gewürzen und fein gehackten Kräutern. Zum Anfeuchten eignen sich im Rezept vorkommende Zutaten wie Limettensaft oder die jeweilige Spirituose oder auch ergänzende Aromen wie Tabasco (Bloody Mary, siehe S. 106) oder Koriander (Margarita, siehe S. 102).

Feuchten Sie den Glasrand mit Alkohol oder Zitrussaft an.

Geben Sie trockene Zutaten wie Zucker, Salz o. Ä. auf einen kleinen Teller.

Tauchen Sie den Glasrand in die trockene Zutat und schütteln Sie die Reste ab. Fahren Sie wie im Rezept beschrieben fort.

Schritt-für-Schritt-Anleitungen

Karamell selbst machen

Karamell entsteht, wenn Zucker mit Wasser so lange erhitzt wird, bis er sich vollständig aufgelöst und dunkelbraun verfärbt hat. Das ist zwar nicht schwierig, erfordert aber dennoch Ihre ganze Aufmerksamkeit – der Grat zwischen Karamell und verbranntem Zucker ist schmal. Nehmen Sie den Edelstahltopf in dem Augenblick vom Herd, in dem auch nur ein Hauch von Rauch emporsteigt. Frisch zubereiteter Karamell verleiht Drinks wie Heißem Rum mit Butter eine rauchige Note (siehe S. 30).

Schritt 1

Geben Sie Zucker und Wasser in einen ausreichend großen Edelstahltopf.

Schritt 2

Erhitzen Sie die Zucker-Wasser-Mischung bei mittlerer Temperatur und bewegen Sie dabei den Topf – nicht umrühren –, damit der Zucker nicht am Topfboden anhaftet.

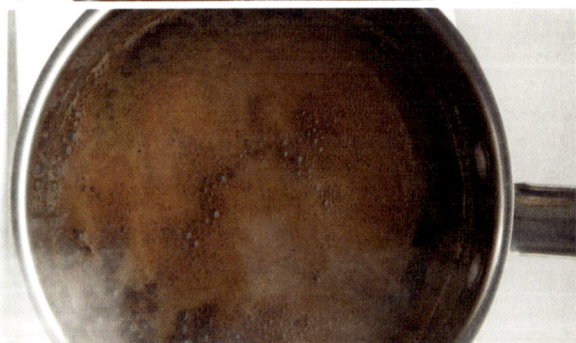

Schritt 3

Nehmen Sie den Topf vom Herd, sobald sich der Zucker dunkel verfärbt und zu rauchen beginnt.

Champagnerflaschen öffnen

Die Herausforderung beim Öffnen einer Champagnerflasche besteht darin, dass von dem köstlichen Nass so viel wie möglich in der Flasche bleibt – zumindest vorerst. Es mag zwar spektakulär aussehen, wenn der Edelschaumwein überquillt, noch schöner ist es aber, wenn er uns die Kehle hinunterrinnt. Vor dem Servieren sollte Champagner auf jeden Fall immer gut gekühlt und möglichst ruhig gelagert werden.

Schritt 1

Entfernen Sie die Folie über dem Verschluss.

Schritt 2

Drehen Sie das Drahtkörbchen auf und entfernen Sie auch dieses.

Schritt 3

Halten Sie mit der einen Hand den Flaschenhals, mit der anderen den Korken – und richten Sie die Flasche niemals auf wertvolle Gegenstände oder Gäste. Drehen Sie nun die Flasche, *nicht* den Korken. Sechs- bis siebenmal dürften reichen … *Plopp!*

Zitrusfruchtgarnitur

Die beliebten Cocktailgarnituren sind nicht nur dekorativ, sie verstärken auch das Aroma der Drinks oder verleihen ihnen eine zusätzliche Note. Dabei werden Fruchtscheiben ebenso verwendet wie die Schalen. Wählen Sie unbeschädigte Früchte und picken Sie sorgsam die Kerne heraus. Blutorangen, Mandarinen, Zitronen, Grapefruits, Kumquats – nehmen Sie, was immer gerade Saison hat.

Schritt 1

Schälen Sie die Zitrusfrucht mit einem Sparschäler oder einem scharfen Messer – möglichst ohne die weiße Haut.

Schritt 2

Wickeln Sie die Schale um einen Strohhalm o. Ä. zu einer Spirale auf.

Schritt 3

Noch mehr Aroma wird freigesetzt, wenn Sie die Schale leicht ansengen. Stecken Sie sie anschließend an den Glasrand.

Granita

Um diese köstlich fruchtige Erfrischung herzustellen, müssen Sie die Granita nur etwa jede halbe Stunde mit einer Gabel durchrühren, bis die Mischung komplett gefroren ist. Das einfache Dessert stammt aus Sizilien. Die Auswahl an Geschmacksrichtungen ist schier unendlich, und Sie brauchen dafür auch keine Eismaschine. Ich experimentiere gern, etwa mit den Kombinationen Wassermelone-Chili oder Melone-Honig-Pfeffer. Lassen Sie Ihrer Fantasie freien Lauf!

Gießen Sie die Fruchtmischung in eine große, gefrierfachgeeignete Schale oder eine Backform (30 x 20 cm).

Ab ins Gefrierfach! Rühren Sie die Mischung etwa alle 30 Minuten mit einer Gabel durch, bis die Granita vollständig gefroren ist.

Servieren Sie die Granita in hübschen Dessert- oder Sektschalen.

Grog & Glühwein

Grog und Glühwein kennt man schon seit Jahrhunderten, und das aus gutem Grund: Sie wärmen den Körper und beruhigen den Geist. Lehnen Sie sich also mit einer Tassse Grog entspannt zurück, während draußen der Schneesturm tobt, oder verwöhnen Sie durchgefrorene Gäste mit einem köstlichen weißen Glühwein. Statt Dessert können Sie auch einen Apfelglühwein mit einem Klecks Schlagsahne krönen.

Was glüht denn da? Von links nach rechts: Grog, Glühwein, weißer Glühwein und schlichtes Wasser zum Verdünnen.

Grog

Früher verschrieb man Grog oft bei Erkältungskrankheiten. Heute nimmt man aufgrund der austrocknenden Wirkung des Alkohols davon eher Abstand. Wenn Sie es dennoch mit diesem alten Hausmittel probieren wollen, trinken Sie einfach ein Glas Wasser dazu, um den Flüssigkeitsverlust auszugleichen.

6 EL Honig
240 ml Bourbon, Rye (Whiskey)
    oder dunkler Rum
2 Scheiben Zitrone

Jeweils 1½ Esslöffel Honig in 4 vorgewärmte Groggläser geben. Bourbon, Rye oder Rum hinzufügen und das Ganze mit 700 Milliliter kochendem Wasser aufgießen. Den Grog so lange umrühren, bis sich der Honig vollständig aufgelöst hat. Mit je ½ Scheibe Zitrone und nach Belieben mit 1 Zimtstange garniert servieren.

Leckere Grogvarianten

Gin-Grog
Nehmen Sie statt Bourbon den **Kumquat-Thymian-Gin** (siehe S. 116) oder den **Kamille-Birnen-Gin** (siehe S. 116).

Applejack-Grog
Ersetzen Sie den Honig durch **Ahornsirup** und den Bourbon durch **Applejack.** Statt mit kochendem Wasser können Sie den Grog auch mit **Zimttee** aufgießen.

Experimentieren Sie!
Grog ist geduldig und lässt sich vielfach kombinieren – eine gute Gelegenheit, selbst aromatisierte Spirituosen (siehe S. 114ff.) auszuprobieren. Nehmen Sie statt Wasser auch einmal heißen Tee.

Grog passt in allen Variationen gut zu frischen Quarkbällchen vom Bäcker. Und im Winter darf es ja durchaus auch etwas gehaltvoller sein.

Heißer Rum mit Butter

Für 4 Portionen

Dieser Drink ist schnell erklärt: Hier trifft heißer Rum auf einen Klecks Butter. Manchmal gesellen sich noch Gewürze, Süßungsmittel und Wasser dazu. Rum mit Butter mag zunächst komisch klingen, die Butter macht das Getränk jedoch seidig weich. In diesem Rezept wird die Butter zur Abrundung noch mit Vanillemark und braunem Zucker aromatisiert.

180 ml dunkler Rum

Vanillebutter
4 EL zimmerwarme Butter
Mark von 1 Vanilleschote
1½ EL brauner Zucker
1 Prise Salz
1 Prise gemahlener Zimt
1 Prise gemahlene Muskatblüte
(Macis)

Für den Rum: Den Rum mit 700 Milliliter heißem Wasser verrühren. Je 1 Esslöffel Vanillebutter in 4 vorgewärmte Groggläser geben und mit dem Rum übergießen.

Für die Vanillebutter: Alle Zutaten in eine mittelgroße Schüssel geben und verrühren. Bis zum Gebrauch beiseitestellen. Wenn Sie die Vanillebutter etwas länger vorher vorbereiten, decken Sie die Schüssel mit Klarsichtfolie ab und stellen Sie sie in den Kühlschrank. Vor Gebrauch sollte die Butter allerdings erst wieder Raumtemperatur annehmen.

Darf's noch etwas süßer sein ...?

Heißer Rum mit Butter und Karamell
Geben Sie **60 Gramm Kristallzucker** und **60 Milliliter Wasser** in einen Topf und erhitzen Sie den Zucker auf mittlerer Stufe etwa 6 bis 8 Minuten. Schütteln Sie den Topf gelegentlich, bis sich die Mischung dunkelbraun verfärbt und zu rauchen beginnt. Fügen Sie dann rasch **700 Milliliter Wasser** hinzu. Achtung: Das kann etwas spritzen! Nun so lange rühren, bis eine glatte Mischung entstanden ist. Den Rum unterrühren und wie oben beschrieben fortfahren.

Die Vanillebutter schmeckt nicht nur gut in heißem Rum, sondern auch auf einem Toastbrot. Verdoppeln Sie die für die Butter angegebene Menge der Zutaten und bewahren Sie die Butter bis zum Verzehr im Kühlschrank auf.

Glühwein

Dieser Glühwein wird aus Rotwein und einer Gewürzmischung zubereitet, die ihm Wärme und Duft verleiht. Generell wird bei der Zubereitung von Glühwein roter oder weißer Wein mit Gewürzen wie Zimt, Nelke und Anis erhitzt und nach Belieben gesüßt. Da der Wein noch aromatisiert wird, sollten Sie nicht den allerteuersten kaufen. Eine besondere Note bekommt der Glühwein noch durch frische oder getrocknete Früchte.

1 EL zerstoßener grüner Kardamom*

1 EL schwarze Pfefferkörner

2 TL ganze Gewürznelken

3 Stangen Zimt

750 ml trockener Rotwein, z. B. Côtes du Rhône

240 ml Brandy

Schale und 2 EL Saft von 1 Zitrone

80 g Honig

1 Birne (z. B. »Kaiser Alexander«), geschält, entkernt, in ½ cm große Würfel geschnitten

Zerstoßen Sie die Kapseln im Mörser oder mit der glatten Seite eines Fleischklopfers. Normalerweise verwendet man nur die schwarzen Samen und entsorgt die Kapsel; in diesem Rezept wird der Glühwein jedoch durch ein Sieb abgeseiht, Sie können also sowohl die Samen als auch die zerstoßenen Kapseln verwenden.

Sie können die Zitrone in diesem Rezept durch andere Zitrusfrüchte, etwa Orange, Clementine oder Kumquat, ersetzen.

Zerstoßenen Kardamom mit Pfeffer, Nelken und Zimt in einen Topf geben und die Gewürze bei mittlerer Hitze etwa 2 Minuten anrösten, bis sie zu duften beginnen. Wein, Brandy, Zitronenschale und -saft sowie Honig dazugeben und mitköcheln lassen, dabei gelegentlich umrühren. Die Hitze reduzieren und alles 10 Minuten weiterköcheln lassen.

Die Mischung durch ein feines Sieb in eine Schüssel abgießen, die festen Bestandteile entsorgen. Den Glühwein in den Topf zurückgeben und die Birnenwürfel hinzufügen. Etwa 10 Minuten bei geringer Hitze köcheln lassen, bis die Birnen weich, aber nicht zerkocht sind.

Je mehr, desto lustiger!

Dieses Rezept können Sie in der Menge beliebig vervielfachen. Wählen Sie dann natürlich einen entsprechend großen Topf und servieren Sie den Glühwein direkt daraus in hitzebeständigen Gläsern.

Weißer Glühwein

Für 4 Portionen

Fruchtig weißer Zinfandel wird mit Eau de vie de poire aufgepeppt und bekommt durch Salbei und Thymian eine frische zitronige und blumige Note. Weißer Glühwein ist zwar nicht so weit verbreitet wie sein rotes Gegenstück, schmeckt aber nicht minder gut.

2 TL schwarze Pfefferkörner

2 TL ganze Gewürznelken

750 ml weißer Zinfandel

60 g Kristallzucker

1 kleines Bund Salbei

1 kleines Bund Thymian

Schale und 2 EL Saft von 1 Zitrone

240 ml Eau de vie de poire oder Brandy

1 feste reife Birne,* geschält, entkernt, in dünne Scheiben geschnitten

Sie können praktisch jede Birnensorte verwenden, doch sieht die Forelle, eine kleine, zierliche Sorte, im Glas besonders hübsch aus.

Pfeffer und Nelken in einen mittelgroßen Topf geben und die Gewürze etwa 2 Minuten bei mittlerer Hitze anrösten, bis sie zu duften beginnen. Wein, Zucker, Salbei, Thymian sowie Zitronenschale und -saft hinzufügen und so lange köcheln lassen, bis sich der Zucker vollständig aufgelöst hat. Auf niedrigster Stufe 10 Minuten weiterköcheln lassen.

Die Mischung durch ein feines Sieb in eine Schüssel abgießen, die festen Bestandteile entsorgen. Den Glühwein in den Topf zurückgeben und Eau de vie oder Brandy sowie Birnenscheiben hinzufügen. 8 bis 10 Minuten bei geringer Hitze köcheln lassen, die Birnen dürfen nicht zerkocht sein.

Keiner bleibt durstig

Dieses Rezept können Sie in der Menge beliebig vervielfachen. Wählen Sie dann natürlich einen entsprechend großen Topf und servieren Sie den weißen Glühwein direkt daraus in hitzebeständigen Gläsern.

Dekorativer sieht der weiße Glühwein aus, wenn Sie die Birne nur gründlich waschen und mit Schale, Kernen und Stiel in Scheiben schneiden.

Apfelglühwein

Für 4 Portionen

Wenn es draußen so richtig beißend kalt wird, kuscheln wir uns drinnen gern gemütlich ein – am liebsten mit einem heißen Getränk, das erst unsere Fingerspitzen zum Kribbeln bringt und uns dann mit wohliger Wärme erfüllt. Apfelwein lässt sich hervorragend erhitzen und schmeckt mit zusätzlichem Feuer von Gewürzen und einem Schuss Applejack besonders gut. Apfelstückchen, getrocknete Cranberrys und Clementinenscheiben runden den Klassiker ab.

Neben den allseits beliebten Nelken und dem Piment enthält dieser Apfelglühwein auch schwarzen Pfeffer und Koriander mit seiner leichten Zitrusnote. Wer mag, kann das Ganze noch mit frisch geschlagener süßer Sahne krönen (siehe auch **Irish Coffee**, S. 64).

1 EL Pimentkörner

1 EL schwarze Pfefferkörner

1 EL ganze Gewürznelken

2 TL ganze Koriandersamen

3 Stangen Zimt

1 l Apfelwein

Schale und 60 ml Saft
  von 1 großen Orange

240 ml Applejack

1 Apfel (Granny Smith), geschält,
  entkernt, in ½ cm dicke Scheiben
  geschnitten

1 Clementine oder kleine Orange,
  gründlich unter heißem Wasser
  gewaschen, in ½ cm dicke
  Spalten geschnitten

2 EL getrocknete Cranberrys

Piment, Pfeffer, Nelken, Koriandersamen und Zimt in einen mittelgroßen Topf geben und die Gewürze unter Rühren bei mittlerer Hitze etwa 2 Minuten anrösten, bis sie zu duften beginnen. Apfelwein, Orangenschale und -saft sowie Applejack dazugeben und kurz mitköcheln. Die Hitze reduzieren und alles 15 Minuten weiterköcheln lassen.

Die Mischung durch ein feines Sieb in eine Schüssel abgießen, die festen Bestandteile entsorgen. Den Apfelglühwein in den Topf zurückgeben und die Früchte hinzufügen. Etwa 10 Minuten bei geringer Hitze köcheln lassen, bis die Früchte weich, aber nicht zerkocht sind.

Holt schon mal die Fässer

Den Apfelglühwein und seine Varianten können Sie in der Menge beliebig vervielfachen. Wählen Sie dann natürlich einen entsprechend großen Topf und servieren Sie den Apfelglühwein direkt daraus in hitzebeständigen Gläsern.

Die letzte Versuchung

Rotkäppchen

Diese einfache Abwandlung des vorhergehenden Rezepts ist ebenso kühn gewürzt, durch den Rotwein aber verführerisch rot. Lassen Sie dafür den Applejack weg und verrühren Sie nach dem Anrösten der Gewürze **700 Milliliter Apfelwein** und **350 Milliliter trockenen Rotwein** mit der Orangenschale und dem Orangensaft.

Die allerletzte Versuchung

Port-Cranberry-Glühwein

Säuerlicher, scharlachroter Cranberrysaft und Apfelwein gehen oft eine Liaison ein. Hier gesellt sich noch Portwein dazu: Mit seiner Süße mildert er das Bittere des Cranberrysafts etwas ab. Lassen Sie auch hier den Applejack weg und verrühren Sie nach dem Anrösten der Gewürze **700 Milliliter Cranberrysaft, 240 Milliliter Apfelwein** und **240 Milliliter Portwein** miteinander.

Flüssiges Gold

Obwohl bei der Ananas wahrscheinlich jeder an die Tropen denkt, ist sie tatsächlich eine Winterfrucht – und ein Wahrzeichen der Gastlichkeit. Wärmen Sie Ihr Heim und Ihre Freunde mit diesem Ananasgrog, der durch sowohl süße als auch säuerliche Aromen besticht.

Für die Ananasspieße

32 Würfel frische Ananas,
  ca. 2 cm groß

1 EL Kristallzucker

1 Prise Roter Pfeffer*

1 Prise gemahlener Zimt

1 Prise Salz

Für den Ananasgrog

1 Vanilleschote

1 EL Pimentkörner

1 EL schwarze Pfefferkörner

1 EL ganze Gewürznelken

2 Stangen Zimt

1 l Ananassaft

180 ml dunkler Rum

60 ml Brandy

*Roter Pfeffer ist meist nur in Spezialgeschäften erhältlich. Ersatzweise können Sie auch schwarzen Pfeffer nehmen.

Für die Ananasspieße: Den Backofen mit Grillfunktion vorheizen, die Ananaswürfel in eine große Schüssel geben. In einer kleinen Schüssel Zucker, Pfeffer, Zimt und Salz verrühren. Die Mischung über die Ananaswürfel geben und alles gut vermengen. Anschließend die Ananaswürfel nebeneinander auf ein mit Backpapier ausgelegtes Backblech legen und unter dem Grill 2 bis 4 Minuten karamellisieren. Etwas abkühlen lassen und je 8 Würfel auf 4 Dekospieße stecken.

Für den Ananasgrog: Die Vanilleschote längs aufschlitzen und das Mark herauskratzen. Piment, Pfeffer, Nelken und Zimt in einen Topf geben und bei mittlerer Hitze etwa 2 Minuten anrösten, bis die Gewürze zu duften beginnen. Ananassaft, Rum, Brandy sowie Vanillemark und -schote dazugeben und unter gelegentlichem Rühren kurz köcheln lassen. Die Hitze stark reduzieren und alles 15 Minuten weiterköcheln lassen.

Die Mischung durch ein feines Sieb in eine Schüssel abgießen, die festen Bestandteile entsorgen. Den Grog auf 4 hitzebeständige Gläser verteilen und mit je 1 Ananasspieß servieren.

Eierpunsch, heiße Schokolade, Kaffee & Tee

Samtig aufgeschlagener Eierpunsch, cremige heiße Schokolade im dunklen und hellen Gewand, intensive Kaffeekreationen und beruhigende Tees – hier geht es ausschließlich um Trost und Freude. An den langen Winterabenden haben Sie genug Zeit, all die wärmenden Spezialitäten zu genießen und viel Neues zu entdecken. Lassen Sie sich in Tausendundeine Nacht entführen, probieren Sie Mamas Geheimwaffe aus und finden Sie heraus, wovon die Engländer steife Ohren bekommen.

Das wärmt garantiert gut durch (von links nach rechts): Klassische heiße Schokolade, Sahnekaramell-Eierpunsch, Rose von England, Mamas Geheimwaffe und Irish Coffee

Klassischer Eierpunsch

Eierpunsch ist ein Milch- oder Sahnegetränk, das mit Zucker gesüßt und mit Rum, Brandy, Whiskey oder einer Kombination dieser Spirituosen aufgepeppt wird. Daneben sind natürlich Eier die Hauptzutaten, die aufgrund der Gefahr einer Salmonellen- oder anderen bakteriellen Erkrankung sehr frisch sein sollten. Denn Eier sind unverzichtbar, verleihen sie dem Punsch doch seine charakteristische samtige Qualität und seinen wolkigen Schaum. Um sicherzustellen, dass keine potenziellen Bakterien von der Eierschale ins Getränk gelangen, sollten Sie die Eier vor Gebrauch waschen.

8 große Eier*
60 g brauner Zucker
1 Prise Salz
500 g Sahne
½ l Vollmilch
240 ml Brandy**
240 ml dunkler Rum
1 EL Vanillearoma
120 g Kristallzucker
Muskatnuss, frisch gerieben

*Eier lassen sich leichter aufschlagen und mit den anderen Zutaten vermengen, wenn sie Raumtemperatur haben. Dafür entweder 1 Stunde vor Gebrauch aus dem Kühlschrank nehmen oder 10 Minuten in warmes Leitungswasser legen.

**Alle Eierpunschrezepte können auch ohne Alkohol zubereitet werden.

Die Eier trennen. In einer großen Schüssel Eigelb, braunen Zucker und Salz 2 bis 3 Minuten schaumig rühren. Sahne und Milch unterrühren, anschließend Brandy, Rum und Vanillearoma dazugeben und ebenfalls unterrühren.

Eiweiß zu steifem Eischnee schlagen. Nach und nach Kristallzucker unterrühren, bis die Masse zu glänzen beginnt.

Die Sahnemischung in eine Bowle- oder Servierschüssel geben. Das Eiweiß vorsichtig unterheben. Anschließend den Eierpunsch auf Gläser verteilen und mit etwas Muskatnuss bestreut servieren.

Kürbis-Bourbon-Eierpunsch

Für 12–14 Portionen

Diese Eierpunschvariante ist ideal für den Herbst, wenn es allmählich kälter wird und Kürbisse Saison haben. Kürbispüree, brauner Zucker und Gewürze vereinigen sich mit Milch, Sahne und Bourbon zu einem Getränk, das mühelos auch ein Dessert ersetzen kann.

2 EL Butter
230 g Kürbispüree
1½ TL gemahlener Zimt
½ TL gemahlener Piment
1 Prise Salz
500 g Sahne
½ l Vollmilch
360 ml Bourbon
120 ml Brandy oder Cognac
8 große Eier
60 g brauner Zucker
2 TL Vanillearoma
120 g Kristallzucker

Die Butter bei mittlerer Hitze in einem mittelgroßen Topf zerlassen. Kürbispüree, Zimt, Piment und Salz hineingeben und unter Rühren 2 Minuten erhitzen. Sahne, Milch, Bourbon und Brandy oder Cognac dazugießen und alles kurz köcheln lassen. Den Topf vom Herd nehmen, abdecken und warm halten.

Die Eier trennen. In einer großen Schüssel Eigelb, braunen Zucker und Vanillearoma schaumig rühren. Anschließend die Eigelbmischung mit der Kürbismischung gründlich verrühren, in den Topf zurückgießen und warm stellen.

Eiweiß zu steifem Eischnee schlagen. Nach und nach Kristallzucker unterrühren, bis die Masse zu glänzen beginnt.

Die Punschmischung in eine Bowle- oder Servierschüssel geben. Das Eiweiß vorsichtig unterheben. Anschließend den Kürbis-Bourbon-Eierpunsch auf vorgewärmte, hitzebeständige Gläser verteilen und servieren.

Wenn Sie den Punsch kalt servieren, lassen Sie die Kürbismischung auf Raumtemperatur abkühlen und stellen Sie sie dann im Kühlschrank kalt. Vor dem Servieren das Eiweiß unterheben und den Punsch auf gekühlte Gläser verteilen.

Sahnekaramell-Eierpunsch

Für 12–14 Portionen

Diese Eierpunschvariation besticht durch ihren Karamellgeschmack, Sie können sie warm oder gekühlt servieren. Das Maldon-Meersalz bildet einen spannenden Kontrast zur schaumigen Oberfläche des Punschs und zum zart-süßen Schmelz des Buttertoffees.

500 g Sahne
½ l Vollmilch
350 g Kristallzucker
8 große Eier
60 g brauner Zucker
2 TL Vanillearoma
480 ml Bourbon
Maldon-Meersalz

Zubereitungstipp

Die Zubereitung von Karamell mag kompliziert klingen, bedarf aber eigentlich nur Ihrer vollen Aufmerksamkeit. Sobald sich der Zucker verfärbt, die Sahne-Milch-Mischung hinzufügen (siehe dazu auch Schritt-für-Schritt-Anleitung, S. 20).

Sahne und Milch verrühren. In einem großen Topf 230 Gramm Kristallzucker mit 120 Milliliter Wasser bei mittlerer Hitze 6 bis 8 Minuten erwärmen, bis sich der Zucker braun verfärbt hat und zu rauchen beginnt. Dabei gelegentlich den Topf schütteln, damit der Zucker nicht ansetzt. Anschließend die Sahne-Milch-Mischung unterrühren. Achtung: Das kann etwas spritzen! Die Mischung bei mittlerer Hitze glatt rühren, dann den Topf vom Herd nehmen.

Die Eier trennen. In einer großen Schüssel Eigelb, braunen Zucker und Vanillearoma schaumig rühren. Anschließend die Karamellmischung unterrühren und gut einarbeiten. Bourbon unterrühren, alles wieder in den Topf geben und warm stellen.

Eiweiß zu steifem Eischnee schlagen. Nach und nach den restlichen Kristallzucker unterrühren, bis die Masse zu glänzen beginnt.

Die Punschmischung in eine Bowle- oder Servierschüssel geben. Das Eiweiß vorsichtig unterheben. Anschließend den Buttertoffee-Eierpunsch auf vorgewärmte, hitzebeständige Gläser verteilen und mit Maldon-Meersalz bestreut servieren.

Wenn Sie den Punsch kalt servieren, lassen Sie die Punschmischung auf Raumtemperatur abkühlen und stellen Sie sie dann im Kühlschrank kalt. Vor dem Servieren das Eiweiß unterheben und den Punsch auf gekühlte Gläser verteilen.

Rompope

Für 6–8 Portionen

Der erste Rompope – eine Ableitung vom spanischen *Ponche de huevo* (Eierpunsch) – wurde im 17. Jahrhundert von den Nonnen des Santa-Clara-Klosters im mexikanischen Puebla gebraut. Einer Legende zufolge soll Schwester Eduviges darum gebeten haben, dass die Nonnen das Getränk auch selbst trinken, nicht nur zubereiten durften, und einer weiteren Legende zufolge enthält es eine geheime Zutat – doch dieses Geheimnis nahm Schwester Eduviges mit ins Grab. Rompope wird gekühlt serviert, oft auf Eis, kann aber auch warm getrunken werden. Wie auch immer Ihnen das Getränk besser schmeckt – es ist auf jeden Fall samtig-weich und aromatisch.

150 g blanchierte Mandeln
2 EL + 340 g Kristallzucker
1½ l Vollmilch
2 Stangen Zimt
Schale von 1 Biozitrone*
1 TL Vanillearoma
¼ TL Natron
8 Eigelbe
240 ml weißer Rum oder
 Aguardiente**

*Schälen Sie die Zitrone mithilfe eines Sparschälers möglichst so, dass Sie die weiße Haut nicht mit abschälen. Diese würde das Getränk zu bitter machen.

**Das spanische Wort »Aguardiente« bedeutet »brennendes Wasser«. Die Spirituose wird aus Früchten, Getreide und Zuckerrohr destilliert. Sie bekommen sie im gut sortierten Getränke-fachhandel.

Mandeln mit 2 Esslöffel Zucker mit der Küchenmaschine zu einer feinen Paste verarbeiten.

Milch, Zimt, Zitronenschale, Vanillearoma und Natron in einem großen Topf bei mittlerer Hitze zum Kochen bringen. Die Hitze reduzieren und die Mischung 15 bis 20 Minuten köcheln lassen. Beiseitestellen.

In einer großen Schüssel die Eigelbe mit 340 Gramm Zucker und der Mandelpaste schaumig rühren. Zimtstangen und Zitronenschale aus der Milchmischung entfernen und diese unter ständigem Rühren zur Eigelbmischung geben.

Alles wieder in den Topf gießen und bei geringer Hitze 5 bis 7 Minuten kochen lassen, dabei ununterbrochen rühren. Mindestens 2 Stunden abkühlen lassen und zum Schluss Rum oder Aguardiente unterrühren.

Gut vorzubereiten

In sterilisierten Glasflaschen hält sich Rompope im Kühlschrank bis zu 1 Monat lang.

Spezialitäten aus Puerto Rico und Mexiko: Coquito (rechts, Rezept siehe S. 50) und Rompope (links).

Coquito

Mit diesem Punsch zaubern Sie tropisches Flair in die triste Winterzeit. Ebenso wie Rompope wird auch der Coquito traditionell an *Nochebuena* – Heiligabend – zubereitet und getrunken oder in festlich geschmückten Flaschen verschenkt – er schmeckt aber auch zu jeder anderen Jahreszeit. Das Rezept ähnelt dem für Rompope, hält aber einige Überraschungen bereit: gesüßt wird mit Kondensmilch, das tropische Flair vermitteln Kokosmilch und Rum. Auf Seite 49 finden Sie rechts den Coquito abgebildet.

1 Dose Kondensmilch, ungesüßt (360 ml)

8 ganze Gewürznelken

1 Stange Zimt

5 cm frische Ingwerwurzel, geschält, quer in dünne Scheiben geschnitten

1 Dose Kondensmilch, gesüßt (450 ml)

400 ml Kokosmilch*

240 ml weißer Rum

4 Eigelbe

2 TL Vanillearoma

1 Prise gemahlener Zimt

1 Prise Muskatnuss, frisch gerieben

Ersetzen Sie die Kokosmilch nicht durch Kokoscreme, damit würde der Coquito zu süß.

Ungesüßte Kondensmilch, Nelken, Zimt und Ingwer in einem kleinen Topf bei mittlerer Hitze zum Kochen bringen. Den Topf vom Herd nehmen und die Milchmischung 30 Minuten ziehen lassen. Durch ein feines Sieb in eine Schüssel abgießen, die festen Bestandteile entsorgen. Etwa 20 Minuten auf Raumtemperatur abkühlen lassen.

Die vorbereitete Milchmischung mit der gesüßten Kondensmilch, der Kokosmilch, dem Rum, den Eigelben, dem Vanillearoma, dem gemahlenen Zimt und dem Muskat in einen Mixer geben und 1 bis 2 Minuten schaumig mixen.

Auf gekühlte Gläser verteilen und nach Belieben mit Zimt und Muskat bestäubt servieren.

Tausendundeine Nacht

Datteln beschwören das Bild exotischer Geschichten unter einem samtig schwarzen Himmel voller glitzernder Sterne herauf. Dieser Trank hätte auch Scheherazades König bezaubert.

360 ml dunkler Rum

220 g Datteln, entsteint, gehackt

2 Stangen Zimt

1 l Kokosmilch

1 Prise Salz

3 EL Honig

240 ml gekühlte Sahne

30 g Puderzucker

30 ml Bärenjäger (Honiglikör)

Kokosraspel*, geröstet, zum
   Garnieren

Um Kokosraspel zu rösten, den Ofen auf 180 °C vorheizen. Die Raspel nebeneinander auf ein Backblech streuen und 7 bis 10 Minuten im Ofen rösten. Nach der Hälfte der Backzeit das Blech schütteln, damit die Raspel gleichmäßig braun werden. Alternativ können Sie die Raspel auch 5 bis 7 Minuten bei mittlerer Hitze ohne Fett in einer Pfanne anrösten.

Rum, Datteln und Zimt in einem Topf bei mittlerer Hitze zum Köcheln bringen. Die Hitze reduzieren und die Datteln etwa 8 Minuten weiterköcheln lassen, bis sie weich sind und fast die gesamte Flüssigkeit aufgesogen haben. Den Topf vom Herd nehmen und die Datteln 5 Minuten abkühlen lassen.

Datteln in einen Mixer geben und mit Kokosmilch sowie Salz pürieren. Die Mischung in den Topf zurückgeben und bei geringer Hitze noch einmal etwa 5 Minuten köcheln lassen. Honig unterrühren. Durch ein feines Sieb in eine große Schüssel abgießen, die festen Bestandteile entsorgen.

Sahne, Puderzucker und Honiglikör in eine gekühlte Schüssel geben und 2 bis 3 Minuten steif schlagen. Die Dattel-Honig-Milch auf vorgewärmte Gläser verteilen, jeweils 1 Klecks Schlagsahne daraufgeben und mit gerösteten Kokosraspeln bestreut servieren.

Klassische heiße Schokolade

Manchmal muss es einfach Kaffee sein, stark aufgebrüht und aromatisch, insbesondere wenn man an einem langen Tag einen kleinen Wachmacher braucht. Geht es jedoch gemütlicher zu und wird es mit zunehmender Dämmerung draußen immer kälter, ist eine Tasse süße heiße Schokolade die bessere Wahl. Und diese Luxusversion aus Kakaopulver und Zartbitterschokolade hat nichts mit seinem blass-braunen, staubigen Pendant aus der Tüte gemein – Sie können sie ganz nach Belieben entweder dick und zähflüssig oder mit etwas Milch verdünnt genießen.

4 EL Butter

60 g natürliches Kakaopulver*

3 EL brauner Zucker

1 l Vollmilch

170 g Zartbitterschokolade, fein gehackt

1 Prise Salz

1 EL Vanillearoma

180 ml Chambord oder Crème de Cassis

8 Marshmallows oder **süße Schlagsahne** (siehe S. 64) zum Garnieren

Worin sich natürliches Kakaopulver von anderem Kakaopulver unterscheidet, siehe Seite 11.

Die Butter in einen Topf geben und bei mittlerer Hitze zerlassen. Kakaopulver und Zucker dazugeben und so lange verrühren, bis eine cremige Paste entsteht. Unter ständigem Rühren nach und nach die Milch hinzufügen. Aufkochen und kurz bei geringer Hitze köcheln lassen. Schokolade und Salz unterrühren; wenn die Schokolade geschmolzen ist, den Topf vom Herd nehmen und das Vanillearoma unter die Schokolade rühren. Auf vorgewärmte Tassen verteilen und mit je 1 Schuss Chambord oder Crème de Cassis verfeinern. Mit Marshmallows oder süßer Sahne garniert servieren.

In Fett anrösten

Kakaopulver erhält wie viele andere trockene Gewürze ein noch intensiveres Aroma, wenn es vor der Weiterverarbeitung kurz in etwas Fett – in diesem Fall Butter – angeröstet wird.

Kirsch-Vanille-Schokolade

Für diese Variante der klassischen heißen Schokolade ersetzen Sie den braunen Zucker durch **60 Gramm Kristallzucker**, den Sie mit dem **Mark von 1 Vanilleschote*** vermengt haben. Ersetzen Sie außerdem zwei Drittel der Zartbitterschokolade durch **hochwertige weiße Schokolade**. Und statt mit Chambord oder Crème de Cassis veredeln Sie die heiße Schokolade mit etwas Kirschlikör.

*Vanilleschoten sollten sich wie weiches Leder anfühlen. Schlitzen Sie die Schote mit einem scharfen Messer der Länge nach auf und kratzen Sie dann mit der Messerspitze das Mark heraus. Bewahren Sie die ausgekratzte Schote in einem Glas mit Zucker auf, den Sie zum Süßen von Kaffee oder Tee verwenden: So verleihen Sie dem Getränk einen Hauch von Vanillearoma.

Bis zum bittersüßen Ende

Am besten schmeckt heiße Schokolade mit Zartbitterschokolade, die einen Kakaoanteil von 60 bis 70 Prozent aufweist.

Heiße Schokolade mit Salzkaramell

In dieser Version der **Klassischen heißen Schokolade** (siehe S. 52) bekommt die Zartbitterschokolade einen kühnen Gefährten: Salzkaramell, das die bittersüßen Noten herrlich ergänzt. Weitere Akzente setzt das aromatische Meersalz.

340 g Kristallzucker

6 EL heller Maissirup

250 g Sahne

1 TL Maldon-Meersalz*

4 EL Butter

60 g natürliches Kakaopulver

3 EL brauner Zucker

1 l Vollmilch

170 g Zartbitterschokolade, fein gehackt

2 TL Vanillearoma

180 ml Amaretto

Maldon-Meersalz besteht aus großen Salzflocken, die sich ideal zum Würzen eignen: Sie schmelzen sehr langsam und bilden einen hübschen Kontrast zum Flüssigen.

Kristallzucker mit 180 Milliliter Wasser und Maissirup in einen großen Topf geben und bei mittlerer Hitze 6 bis 8 Minuten erwärmen, bis sich der Zucker dunkel verfärbt hat und zu rauchen beginnt. Dabei gelegentlich am Topf rütteln. Sahne und Meersalz hinzufügen; Achtung, das kann etwas spritzen! Die Hitze reduzieren und die Mischung glatt rühren. Anschließend den Topf vom Herd nehmen.

Die Butter in einem zweiten Topf bei mittlerer Hitze zerlassen und mit Kakaopulver und braunem Zucker zu einer cremigen Paste verrühren. Unter ständigem Rühren nach und nach die Milch dazugießen. Karamell unterrühren und alles kurz köcheln lassen. Die Schokolade hinzufügen und so lange rühren, bis sie ganz geschmolzen ist. Den Topf vom Herd nehmen, Vanillearoma unter die heiße Schokolade rühren. Auf vorgewärmte, hitzebeständige Tassen verteilen, mit je 1 Schuss Amaretto veredeln und nach Belieben mit Meersalz bestreut servieren.

Zubereitungstipp

Für dieses Rezept brauchen Sie einen großen Topf. Achtung: Wenn Sie die Sahne ins Karamell geben, wirft die Mischung Blasen!

Rosige Wangen

Diese heiße weiße Schokolade erinnert ein wenig an den mexikanischen **Rompope** (siehe S. 48), der aus gemahlenen Mandeln zubereitet wird. Hier verleihen Macadamianüsse dem Getränk eine salzig-buttrige Note. Doch der wahre Clou ist der rosa Pfeffer, der mit seiner milden Schärfe und seinem Rosenaroma für eine pikante Überraschung sorgt.

60 g geröstete und gesalzene
  Macadamianüsse

3 EL Kristallzucker

1 l Vollmilch

1 EL ganze rosa Pfefferbeeren,
  zerstoßen

170 g weiße Schokolade,
  fein gehackt

1 Prise Salz

2 TL Zitronensaft, frisch gepresst

180 ml weißer Rum

Macadamianüsse und Zucker mit der Küchenmaschine fein zermahlen. Milch und rosa Pfeffer in einen Topf geben und bei mittlerer Hitze zum Köcheln bringen, dabei gelegentlich umrühren. Den Topf vom Herd nehmen und die Milch etwa 15 Minuten ziehen lassen.

Die Mischung durch ein feines Sieb in eine Schüssel abgießen, die festen Bestandteile entsorgen. Die Milch in den Topf zurückgießen und die gemahlenen Nüsse unterrühren. Kurz köcheln lassen, anschließend die Hitze reduzieren. Weiße Schokolade und Salz unterrühren, die Schokolade sollte vollständig geschmolzen sein. Den Topf vom Herd nehmen und den Zitronensaft in die Mischung rühren. Auf vorgewärmte Tassen verteilen, mit je 1 großzügigen Schuss weißem Rum veredeln und nach Belieben mit rosa Pfeffer bestreut servieren.

Zu den Rosigen Wangen und anderen Wintercocktails passt helles Gebäck mit Nüssen wie Mandeln oder Pistazien besonders gut.

Mamas Geheimwaffe

Unter Milchpunsch versteht man ein süßes Milchgetränk, das mit Alkohol wie Bourbon oder Brandy veredelt wurde. In den USA, vor allem im Süden, gibt es Milchpunsch schon seit dem 19. Jahrhundert, er wurde dort zunächst vor allem zu medizinischen Zwecken verabreicht. Mamas Geheimwaffe ist effektiver als jeder Hustensaft, schmeckt aber viel besser!

1 l Vollmilch
240 ml dunkler Rum
30 ml Brandy
60 g Honig
2 Stangen Zimt
Schale von 1 Bioorange*
gemahlener Zimt zum Garnieren

Schälen Sie die Orange mithilfe eines Sparschälers möglichst so, dass Sie die weiße Haut nicht mit abschälen. Diese würde das Getränk zu bitter machen.

Milch, Rum, Brandy, Honig, Zimt und die Hälfte der Orangenschale in einem kleinen Topf bei mittlerer Hitze zum Köcheln bringen und so lange rühren, bis sich der Honig aufgelöst hat. 5 Minuten bei geringer Hitze weiterköcheln lassen.

Tassen vorwärmen. Mit einem Streichholz die restliche Orangenschale leicht ansengen und damit über die Glasränder fahren. Zimtstangen und Orangenschale aus der Milch entfernen und diese in die vorbereiteten Tassen gießen. Mit gemahlenem Zimt bestreut und nach Belieben mit etwas Honig beträufelt servieren.

Dekotipp

Durch das Ansengen der Orangenschale lösen sich die ätherischen Öle leichter, was dem Getränk mehr Geschmack verleiht. Statt den Glasrand damit zu aromatisieren, können Sie die Schale auch direkt in den Drink geben.

Kentucky Baby

Für diese Variante von Mamas Geheimwaffe ersetzen Sie Rum und Brandy durch **240 Milliliter Kentucky Bourbon** oder **Bacon-Bourbon** (siehe S. 100) und Honig sowie Zimt durch **60 Milliliter Ahornsirup*** sowie **1 Teelöffel Vanillearoma**.

*Ahornsirup ist sehr empfindlich und anfällig für Schimmel und Bakterien, die seine Qualität und seinen Geschmack stark beeinträchtigen. Bewahren Sie geöffnete Ahornsirupgläser deshalb stets im Kühlschrank auf. Vor dem Servieren sollte der Sirup Raumtemperatur annehmen oder bei geringer Hitze etwas erwärmt werden.

Thaipunsch

Die aromatische, zitrusähnliche Note des Zitronengrases verleiht diesem Milchpunsch seinen charakteristischen, an die Tropen erinnernden Geschmack. Die Schärfe des Ingwers bringt diese Aromen einerseits stärker zur Geltung, gibt dem Punsch andererseits aber auch »Biss«.

1 l Kokosmilch

2 Stiele Zitronengras, in feine Ringe geschnitten*

5 cm frische Ingwerwurzel, geschält, in Scheiben geschnitten

Schale von 1 Biolimette**

60 g Kokos- bzw. Palmzucker oder Rohrohrzucker***

180 ml weißer Rum

Entfernen Sie zunächst das obere Ende und die äußeren Blätter des Zitronengrases und schneiden Sie den Rest dann mit einem scharfen Messer in dünne Ringe.

Siehe dazu Schältipp auf Seite 58.

***Kokoszucker ist aus dem Saft der Kokospalme hergestellter Palmzucker und wird in Regionen, in denen Kokospalmen wachsen, insbesondere in Südostasien, häufig zum Süßen verwendet. Er ist dick und süß und schmeckt auch direkt aus dem Glas sehr gut. Rohrohrzucker ist minimal verarbeiteter Rohrzucker. Im Vergleich mit seinem raffinierten Verwandten ist er gröber und weist eine blassgoldene Farbe auf.*

Milch, Zitronengras, Ingwer und die Hälfte der Limettenschale in einen Topf geben und bei mittlerer Hitze zum Köcheln bringen. Die Hitze reduzieren und die Mischung 5 Minuten weiterköcheln lassen. Den Topf vom Herd nehmen und alles 15 Minuten ziehen lassen. Durch ein feines Sieb in eine Schüssel ab- und dann zurück in den Topf gießen, feste Bestandteile entsorgen.

Tassen vorwärmen. Mit einem Streichholz die restliche Limettenschale leicht ansengen und damit über die Glasränder fahren. Die Milchmischung noch einmal kurz aufkochen, dann Zucker und Rum hinzufügen und so lange rühren, bis sich der Zucker aufgelöst hat. Noch 2 Minuten köcheln lassen und in den vorbereiteten Tassen servieren.

Gut vorzubereiten
den ersten Rezeptschritt können Sie bis zu 2 Tage im Voraus ausführen. Bewahren Sie die abgegossene Milchmischung in einem luftdicht verschlossenen Behälter im Kühlschrank auf.

New Orleans spezial

Der Clou an diesem Milchpunsch ist das Flambieren mit Rum und Brandy.

1 l Vollmilch

180 ml dunkler Rum

30 ml Brandy

2 Stangen Zimt

2 Bananen, geschält, in ½ cm dicke
   Scheiben geschnitten

1 EL Zitronensaft, frisch gepresst

1 Prise gemahlener Zimt

1 Prise Salz

3 EL Butter

3 EL brauner Zucker

Milch, 120 Milliliter Rum, Brandy und Zimtstangen in einem kleinen Topf bei mittlerer Hitze zum Köcheln bringen. Die Hitze reduzieren und die Mischung 5 Minuten weiterköcheln lassen.

Die Bananenscheiben in eine kleine Schüssel geben und mit Zitronensaft, gemahlenem Zimt sowie Salz vermengen. Die Butter zerlassen und die Bananen mit dem braunen Zucker darin andünsten. Vom Herd nehmen, den restlichen Rum dazugießen und alles vorsichtig flambieren. Anschließend die Bananen mit der Garflüssigkeit zur Milchmischung geben. Nochmals 10 Minuten köcheln lassen.

Durch ein feines Sieb in eine Schüssel abgießen, die festen Bestandteile entsorgen. In vorgewärmten Tassen servieren.

Zubereitungstipp

Das Flambieren gehört zum Standardrepertoire bei Desserts. Der Alkohol verbrennt, hinterlässt aber sein Aroma. Nehmen Sie beim Flambieren Topf oder Pfanne vom Herd und halten Sie ihn bzw. sie möglichst weit vom Körper weg.

Nutella-Traum

Nutella, der süchtig machende Brotaufstrich aus Haselnüssen und Schokolade, lässt sich ganz wunderbar in Milch auflösen und wird vom Haselnusslikör perfekt ergänzt.

1 l Vollmilch

60 g Nutella

1 Prise Salz

180 ml Haselnusslikör,
    z. B. Frangelico

240 g gekühlte Sahne

30 g Puderzucker

2 TL Espressopulver

60 g Haselnüsse, gehackt, geröstet,
    zum Garnieren

Kokosraspel*, geröstet,
    zum Garnieren

*Um Kokosraspel zu rösten, den Ofen auf 180 °C vorheizen. Die Raspel dünn auf ein Backblech streuen und 7 bis 10 Minuten im Ofen rösten. Nach der Hälfte der Backzeit das Blech schütteln, damit die Raspel gleichmäßig braun werden. Alternativ können Sie die Raspel auch 5 bis 7 Minuten bei mittlerer Hitze ohne Fett in einer Pfanne anrösten.

Milch, Nutella und Salz in einem Topf bei mittlerer Hitze unter Rühren erwärmen, bis das Nutella geschmolzen ist. Haselnusslikör unterrühren. Den Herd ausschalten, die Mischung aber auf dem Herd ziehen lassen.

Die Sahne mit dem Puderzucker und dem Espressopulver in 2 bis 3 Minuten steif schlagen. Die Milch-Nutella-Mischung auf vorgewärmte Tassen verteilen und mit je 1 Klecks Schlagsahne krönen. Mit Haselnüssen und Kokosraspeln bestreut servieren.

Zubereitungstipp

Am einfachsten entfernen Sie die bittere und bei vielen Menschen Juckreiz auslösende Schale von Haselnüssen, indem Sie die Nüsse blanchieren. Dafür 1 Liter Wasser mit 30 Gramm Natron aufkochen und die Haselnüsse 5 Minuten darin kochen lassen. In ein Sieb abgießen und mit kaltem Wasser abspülen, dabei lässt sich die Schale relativ leicht abreiben. Hartnäckige Reste entfernen Sie, indem Sie die Nüsse in ein altes, aber sauberes Geschirrtuch geben und darin noch einmal gegeneinander reiben.

Anschließend den Ofen auf 180 °C vorheizen, die Nüsse auf ein mit Backpapier ausgelegtes Backblech geben und etwa 15 Minuten im Ofen rösten.

Irish Coffee

Für 4 Portionen

Diese besondere Art, den Tag zu beginnen, eignet sich natürlich nur fürs Wochenende. Wer auch unter der Woche nicht auf Irish Coffee verzichten will, genießt ihn als Schlummertrunk.

240 g gekühlte Sahne
30 g Puderzucker
½ TL Vanillearoma
180 ml Irish Whiskey
1 l frisch aufgebrühter, starker
   schwarzer Kaffee
Rohrzucker zum Süßen

Sahne, Puderzucker und Vanillearoma in einer gekühlten Schüssel mit einem Handrührgerät auf mittlerer Stufe 2 bis 3 Minuten steif schlagen.

In 4 vorgewärmte Tassen je 45 Milliliter Whiskey geben, mit ¼ Liter Kaffee aufgießen und nach Geschmack mit Rohrzucker süßen. Mit einem Klecks Schlagsahne garnieren und sofort servieren.

Süße Schlagsahne

Schlagsahne selbst zuzubereiten geht ganz schnell – außerdem schmeckt sie wesentlich besser als ihre Schwester aus der Sprühflasche. Sie ist dann richtig steif, wenn sich beim Schlagen kleine Sahnespitzen bilden. Am besten gelingt sie, wenn Sie die gut gekühlte Sahne in einer gekühlten Schüssel steif schlagen; mit Puderzucker süßen – fertig!

240 g gekühlte Sahne
30 g Puderzucker

Sahne und Puderzucker in einer gekühlten Schüssel mit einem Handrührgerät auf mittlerer Stufe 2 bis 3 Minuten steif schlagen.

Weitere Kaffeevarianten, die es in sich haben

Cafecito
Ersetzen Sie den Whiskey durch **180 Milliliter Kahlúa oder einen anderen Kaffeelikör.**

Good Morning, Vietnam
Diese Variante können Sie gekühlt – wie in Vietnam – oder heiß servieren. Ersetzen Sie den Whiskey durch **180 Milliliter weißen Rum,** lassen Sie den Zucker weg und fügen Sie stattdessen pro Tasse **2 Esslöffel gesüßte Kondensmilch** hinzu.

Rose von England

Das Bergamottearoma des Earl-Grey-Tees harmoniert wunderbar mit den blumigen Noten eines selbst aromatisierten Gins oder Wodkas. Rosa Pfeffer verleiht diesem gepflegten Tee besonderen Pep! Servieren Sie Englands Rose je nach Wetter heiß oder gekühlt.

180 ml **Rosen-Gin oder -Wodka** (siehe S. 115f.)

½ l frisch aufgebrühter Earl-Grey-Tee*

Sirup mit rosa Pfeffer (siehe S. 119), angewärmt, zum Süßen**

Zur Zubereitung von Tee siehe S. 11.

**Wenn Sie den Tee gekühlt servieren wollen, lassen Sie den Sirup auf Raumtemperatur abkühlen und stellen ihn anschließend im Kühlschrank kalt. Kurz vor dem Servieren hinzufügen.*

In 4 vorgewärmte Tassen je 45 Milliliter Rosen-Gin oder -Wodka geben und mit Tee aufgießen. Nach Geschmack mit dem Sirup süßen.

Abwechslung beim Fünfuhrtee

Geschniegelt und gebügelt
Ersetzen Sie den Earl Grey durch **English Breakfast Tea,** den Rosen-Gin oder -Wodka durch **180 Milliliter Whiskey** sowie nach Belieben noch durch **2 Spritzer Kirschbitter** und den Sirup durch schlichten **Würfelzucker.** Mit **warmer Milch** servieren.

Steife Ohren
Ersetzen Sie den Rosen-Gin oder -Wodka durch **180 Milliliter Kumquat-Thymian-Gin oder -Wodka** (siehe S. 116) und den Sirup mit rosa Pfeffer durch **Zitronen-Salbei-Sirup** (siehe S. 119).

Schlummertrunk
Ersetzen Sie den Earl Grey durch **Kamillentee,** den Rosen-Gin oder -Wodka durch **180 Milliliter Kamille-Birnen-Gin oder -Wodka** (siehe S. 116f.) und den Sirup durch **Honig.**

Punsch & Bowle

Punsch und Bowle sind aufgrund der Alkoholmischung zwar nicht ungefährlich, aber ein Muss auf jeder größeren Party. Im Sommer kommen die spritzigen gekühlten Bowlen besonders gut an, im Winter vermittelt heißer Punsch Gemütlichkeit und Wärme.

Das prickelt (von links nach rechts): Planter's Punch, Sangría Blanca, Andenteufel und Sweet Surrender

Sweet Surrender

Hier gehen die blumigen Noten der Kamille mit Honig und Champagner eine zarte, süße und verführerische Liaison ein – die richtige Mischung, um die Tristesse der dunklen Jahreszeit zu vertreiben. Wenn der Winter so schmeckt, kann er ruhig noch etwas länger dauern ...

750 ml Kamille-Birnen-Gin oder -Wodka

  100 g getrocknete Kamillenblüten

  2 Birnen, geschält, entkernt, in Würfel geschnitten

  750 ml Gin oder Wodka, gekühlt

½ l Kamillentee, gekühlt*

½ l **Honigsirup** (siehe S. 118), gekühlt

60 ml Zitronensaft, frisch gepresst

1½ l Champagner, gekühlt

Eis (siehe S. 17)

Zur Zubereitung von Kamillentee 600 Milliliter Wasser zum Kochen bringen. 60 Gramm getrocknete Kamillenblüten oder 8 Kamillenteebeutel hinzufügen und die Mischung auf Raumtemperatur abkühlen lassen. Durch ein feines Sieb in ein Gefäß abseihen, dabei die Blüten bzw. die Teebeutel gut ausdrücken.

Für den Kamille-Birnen-Gin oder -Wodka: Die Kamillenblüten und Birnenwürfel in ein 1-Liter-Einweckglas geben. Gin oder Wodka dazugießen, das Glas gut verschließen und schütteln. Je nach gewünschter Geschmacksintensität das Glas 3 bis 5 Tage an einen kühlen, dunklen Ort stellen und 2- bis 3-mal am Tag schütteln.

In einer Bowleschüssel Kamille-Birnen-Gin oder -Wodka, Kamillentee, Honigsirup und Zitronensaft verrühren. Kurz vor dem Servieren – je nach gewünschter Geschmacksintensität – mit Champagner aufgießen und das Eis dazugeben.

Bourbon-Bowle

Bourbon bildet den rauchigen Hintergrund für diesen Durstlöscher auf Champagnerbasis. Blutorangensaft – ein Versöhnungsgeschenk des Winters – verleiht der Bowle eine säuerlich-fruchtige Note, abgerundet wird das Ganze durch herrlich duftenden Mandellikör.

370 ml Blutorangen-Sour-Mix
110 g Kristallzucker
1 EL fein abgeriebene
Blutorangenschale
250 ml Blutorangensaft
1 EL Zitronensaft, frisch gepresst
1 l Bourbon
240 ml Amaretto oder ein anderer
Mandellikör
1½ l Champagner, gekühlt
Eis (siehe S. 17)

Für den Sour Mix: Zucker und Blutorangenschale mit der Küchenmaschine zu einer Paste verarbeiten. Mit 150 Milliliter Wasser in einen Topf geben und unter Rühren bei mittlerer Hitze so lange erwärmen, bis sich der Zucker vollständig aufgelöst hat. Auf Raumtemperatur abkühlen lassen. Blutorangen- und Zitronensaft unterrühren.

In einer Bowleschüssel Bourbon, Sour Mix und Amaretto verrühren. Kurz vor dem Servieren mit Champagner aufgießen und das Eis dazugeben.

Der säuerliche und herbe Blutorangen-Sour-Mix ergänzt den perlenden Champagner ausgezeichnet. Dazu passt herzhaftes Knabbergebäck.

Apfelfest

Die Herbsternte leuchtet in rötlichen und goldenen Farbnuancen, auf den Bauernmärkten finden sich frische Äpfel, die der allmählich ergrauenden Landschaft ein jugendliches Rot auf die Wangen zaubern und ihren unvergleichlichen Duft nach dem Wechsel der Jahreszeiten verströmen. In dieser Bowle kann man die Fülle des Herbstes förmlich schmecken.

⅛ l Ahornsirup
8 Zweige Rosmarin
8 Zweige Thymian
1 l Applejack
½ l Apfelwein
1½ l trockener Cidre
Eis (siehe S. 17)

Ahornsirup, Rosmarin und Thymian in einen kleinen Topf geben und bei mittlerer Hitze zum Köcheln bringen. Vom Herd nehmen und auf Raumtemperatur abkühlen lassen. Die Kräuter entfernen.

In einer Bowleschüssel Sirup, Applejack und Apfelwein verrühren. Kurz vor dem Servieren mit Cidre aufgießen und das Eis hinzufügen. Nach Belieben mit frischem Rosmarin und Thymian garniert servieren.

Gesellige Tradition

Es gibt in England eine Tradition, das »Wassailing«, die auf das 11. Jahrhundert zurückgeht und sich in zwei Formen erhalten hat. Bei der einen ziehen Sänger am 6. Januar von Haus zu Haus und werden für ihren Gesang vom Hausherrn mit Speis und Trank belohnt. Bei der anderen Form des »Wassailing« zieht man singend durch die Apfelgärten und stößt auf die Ernte an. Beide Male ist das traditionelle Getränk Apfelglühwein, heute noch als »Wassail Punch« bekannt. Auch unser Apfelfest feiert die Fülle der Natur – schenken Sie die Bowle mit dem gleichen Geist der Gastlichkeit und Großzügigkeit aus, der sie schon seit Jahrhunderten begleitet.

Andenteufel

Wenn sich am Ende des Jahres ein beißender Wind erhebt, ist der angenehm säuerliche Granatapfelsaft mit seiner rubinroten Farbe genau das richtige Gegenmittel. Spritziger Prosecco und selbst gemachter Sour Mix mildern den Andenteufel etwas ab – der seinen Namen dem südamerikanischen Pisco verdankt, einem Destillat aus Traubenmost.

½ l selbst gemachter Sour Mix, gekühlt

150 g Kristallzucker

1 EL fein abgeriebene Zitronenschale

1 EL fein abgeriebene Limettenschale

160 ml Zitronensaft, frisch gepresst

160 ml Limettensaft, frisch gepresst

375 ml Pisco, gekühlt*

½ l Granatapfelsaft, gekühlt

1½ l Prosecco, gekühlt

Eis (siehe S. 17)

Pisco, das Nationalgetränk Chiles und Perus, ist ein Traubenweinbrand. Lassen Sie sich durch seinen blumigen Duft nicht täuschen – die Spirituose hat es in sich!

Für den Sour Mix: Zucker sowie Zitronen- und Limettenschale mit der Küchenmaschine zu einer Paste verarbeiten. Mit 160 Milliliter Wasser in einen Topf geben und unter Rühren bei mittlerer Hitze so lange erwärmen, bis sich der Zucker vollständig aufgelöst hat. Auf Raumtemperatur abkühlen lassen. Zitronen- und Limettensaft unterrühren. In einer Bowleschüssel Pisco, Granatapfelsaft und Sour Mix verrühren. Kurz vor dem Servieren mit Prosecco aufgießen und das Eis dazugeben.

Planter's Punch

Mit einem Glas Planter's Punch in der Hand fällt es nicht schwer, sich mitten im Winter an einem palmengesäumten Sandstrand zu wähnen. Glücklicherweise sind Ananas, Orangen und Limetten Winterfrüchte, Sie bekommen sie also problemlos auch in der kalten Jahreszeit.

1½ l dunkler Rum oder **Ananas-Gewürz-Rum** (siehe S. 117), gekühlt

700 ml Orangensaft, frisch gepresst, gekühlt

½ l Ananassaft, gekühlt

¼ l Limettensaft, frisch gepresst, gekühlt

⅛ l Grenadine

60 ml Angosturabitter

Eis (siehe S. 17)

Orangenspalten zum Garnieren

In einer Bowleschüssel Rum, Säfte, Grenadine und Angosturabitter verrühren. Kurz vor dem Servieren das Eis dazugeben. Die Drinks mit Orangenspalten garnieren.

Tipp zum Servieren

Crushed Ice oder Eiswürfel schmelzen schnell und verwässern das Getränk. Größere Eisblöcke sind einfach zuzubereiten (siehe S. 17) und halten den Drink lange kühl.

Purple Passion

Eine Sorbetbowle kann schnell zu süß werden, doch wenn die Zutaten ausgewogen sind, bietet sie ein unvergleichliches Geschmackserlebnis. Der Süße entgegen wirkt Lambrusco, ein moussierender Rotwein, doch das eigentliche Rückgrat der Bowle bildet der säuerlich-pikante Brombeer-Thymian-Gin oder -Wodka.

750 ml Brombeer-Thymian-Gin oder
-Wodka, gekühlt
500 g Brombeeren, gewaschen
1 Bund Thymian, gewaschen
750 ml Gin oder -Wodka
½ l **selbst gemachter Sour Mix**
(siehe S. 120)
½ l Sodawasser
1½ l Lambrusco, gekühlt
Eis (siehe S. 17)
1 l Himbeersorbet

Für den Brombeer-Thymian-Gin oder -Wodka: Brombeeren und Thymian in ein 1-Liter-Einweckglas geben. Gin oder Wodka dazugießen, das Glas gut verschließen und schütteln. Je nach gewünschter Geschmacksintensität das Glas 3 bis 5 Tage an einen kühlen, dunklen Ort stellen und 2- bis 3-mal am Tag schütteln.

Durch ein feines Sieb in ein sauberes Gefäß abgießen, feste Bestandteile entsorgen.

In einer Bowleschüssel Brombeer-Thymian-Gin oder -Wodka, Sour Mix und Sodawasser verrühren. Kurz vor dem Servieren mit Lambrusco aufgießen und das Eis dazugeben. Jeweils 1 kleine Kugel Sorbet in die Gläser geben und die Bowle darübergießen.

Englischer Weihnachtspunsch

Für 24–30 Portionen

Da die Engländer für ihre Teevorliebe bekannt sind, überrascht es nicht, dass der Englische Weihnachtspunsch auf Tee basiert. Auch Rum ist eine logische Zutat, war er doch zur Zeit des British Empire ein wahrer Exportschlager aus den Kolonien. Zusammenkuscheln und genießen!

450 g Zucker

8 Beutel schwarzer Tee

4 Stangen Zimt

1 EL ganze Gewürznelken*

1½ l trockener Rotwein, z. B. Cabernet Sauvignon oder Rioja

750 ml dunkler Gewürzrum oder **Ananas-Gewürz-Rum** (siehe S. 117)

¼ l Orangensaft, frisch gepresst

2 EL Zitronensaft

4 Bioclementinen oder kleine Bioorangen, in dünne Scheiben geschnitten

Nelken setzte man einst als Mittel zur lokalen Betäubung ein. Auch heute noch gilt Nelkenöl als Hausmittel z. B. bei Zahnschmerzen. Und auch in der Küche werden sie wegen ihres leichten Mentholgeschmacks geschätzt. Sehr hübsch sieht es aus, wenn Sie die Clementinenscheiben mit Nelken spicken.

Den Zucker mit 1 Liter Wasser bei mittlerer Hitze in einem Topf zum Kochen bringen. Die Hitze reduzieren und so lange rühren, bis sich der Zucker aufgelöst hat. Vom Herd nehmen und Teebeutel, Zimt sowie Nelken hinzufügen. 15 Minuten ziehen lassen.

In der Zwischenzeit Wein, Rum, Orangensaft und Zitronensaft in einem großen Topf bei mittlerer Hitze zum Kochen bringen. Die Hitze reduzieren, Clementinen- oder Orangenscheiben in den Topf geben und 10 Minuten ziehen lassen.

Die Teemischung durch ein Sieb in die Weinmischung abgießen, dabei die Teebeutel ausdrücken. Feste Bestandteile entsorgen. Umrühren und den Punsch entweder in eine Servierschüssel gießen oder direkt aus dem Topf in vorgewärmten, hitzebeständigen Tassen servieren.

Auflockerung erwünscht

Den Weihnachtspunsch direkt aus dem Topf zu servieren lockert die Stimmung auf. Gäste lieben es, sich in der Küche zu drängen, vor allem wenn es dort warm ist und wunderbar weihnachtlich duftet.

Englischer Weihnachtspunsch light

Holly Jolly Punch

Ersetzen Sie den schwarzen Tee durch **12 Ingwerteebeutel** und den
Rotwein durch **1½ Liter Weißwein** wie etwa Riesling. Lassen Sie den
Orangensaft weg und nehmen Sie dafür 180 Milliliter Zitronensaft.
Ersetzen Sie schließlich den Rum durch **Kamille-Birnen-Gin oder
-Wodka** (siehe S. 116f.). Diesen Punsch können Sie warm oder mit Eis
gekühlt servieren.

Sangría

Sangría kommt vom spanischen Wort für Blut und ist nicht nur das Nationalgetränk in Spanien und Portugal, sondern generell als Cocktail für eine größere Anzahl Gäste sehr beliebt. Die Tannine des Rotweins werden durch die Aromen der Früchte und Säfte perfekt ausgeglichen. Traditionell wird Sangría mit Zucker gesüßt, hier kommt dafür Sour Mix zum Einsatz.

1 ½ l trockener Rotwein, z. B. Rioja oder Zinfandel, gekühlt

½ l Brandy, gekühlt

½ l Orangensaft, frisch gepresst, gekühlt

½ l Sodawasser, gekühlt

¼ l selbst gemachter Sour Mix, gekühlt

75 g Kristallzucker

1 EL fein abgeriebene Zitronenschale

1 EL fein abgeriebene Limettenschale

80 ml Zitronensaft, frisch gepresst

80 ml Limettensaft, frisch gepresst

450 g dunkle Weintrauben

230 g helle Weintrauben

2 Granny-Smith-Äpfel, gewaschen, entkernt, in ca. 1 cm große Würfel geschnitten

Eiswürfel

Für den Sour Mix: Zucker sowie Zitronen- und Limettenschale mit der Küchenmaschine zu einer Paste verarbeiten. Mit 80 Milliliter Wasser in einen Topf geben und unter Rühren bei mittlerer Hitze so lange erwärmen, bis sich der Zucker vollständig aufgelöst hat. Auf Raumtemperatur abkühlen lassen. Zitronen- und Limettensaft unterrühren.

In einer Bowleschüssel Wein, Brandy, Orangensaft, Sodawasser, Sour Mix, Weintrauben und Apfelwürfel vermengen. In mit Eiswürfeln gefüllten Gläsern servieren und nach Belieben mit Weintraubenspießen garnieren.

Sie können für den Drink auch Blutorangen-Sour-Mix verwenden (siehe S. 120).

Sangría Blanca

Für 24 Portionen

Diese Sangría kleidet sich nicht in feuriges Rot, sondern in elegantes Weiß. Dafür vermengt sich Weißwein mit scharfem Ingwerlikör, Zitronensaft und Honig. Zum Erröten bringen Sie die Sangría, wenn Sie statt Weißwein Rosé verwenden.

1 EL schwarze Pfefferkörner
1 EL Pimentkörner
120 g Honig
2 EL frische Ingwerwurzel, gerieben
1½ l Weißwein, z. B. Riesling, gekühlt
½ l Zitronensaft, frisch gepresst, gekühlt
½ l Sodawasser, gekühlt
¼ l Domaine de Canton oder ein anderer Ingwerlikör
650 g helle Weintrauben
450 g Biokumquats, quer in dünne Scheiben geschnitten*
Eis (siehe S. 17)

Kumquats sind kleine, ovale Zitrusfrüchte mit dünner Schale und säuerlichem Fruchtfleisch. Sie können mit Schale gegessen werden und eignen sich hervorragend zum Garnieren. Rollen Sie die Früchte erst ein wenig zwischen den Handflächen, dann setzen sie ihr ätherisches Öl besser frei.

Pfeffer und Piment in einem kleinen Topf bei mittlerer Hitze unter Rühren etwa 2 Minuten anrösten, bis die Gewürze zu duften beginnen. Honig, 120 Milliliter Wasser und Ingwer unterrühren und alles kurz köcheln lassen. Vom Herd nehmen und auf Raumtemperatur abkühlen lassen. Durch ein feines Sieb in eine Schüssel abgießen, die festen Bestandteile entsorgen.

In einer Bowleschüssel abgekühlten Sirup, Wein, Zitronensaft, Sodawasser, Ingwerlikör, Weintrauben und Kumquats vermengen. Kurz vor dem Servieren das Eis dazugeben.

Gekühlte Wintercocktails

Nicht nur ein heißes Getränk kann den Frost zum Schmelzen bringen, einem gekühlten Cocktail gelingt das auch – vorausgesetzt, er enthält einen ordentlichen Schuss Alkohol. Ihre Gäste werden von perlendem Champagner mit Rote-Bete-Granita begeistert sein, ebenso wie von goldenem Ananassaft mit Bacon-Bourbon oder dem White Russian, bei dem Wodka auf Sahne und Kaffeelikör trifft.

Liegen alle Zutaten bereit? Von links nach rechts: Margarita, eine Flasche Brandy, Oliven zum Garnieren der Bloody Mary, selbst gemachter Tomatensaft (siehe S. 121), Zitrusfrüchte, Salz und Kräuter zum Aromatisieren des Glasrands, Bier und Ginger Ale

Brandy Alexander

Der Brandy Alexander besteht aus Cognac, Crème de Cacao und einer Mischung aus Sahne und Milch, meist fifty-fifty. Der cremige Cocktail schmeichelt dem Gaumen und soll im frühen 20. Jahrhundert kreiert worden sein. Er wird zwar gekühlt serviert, wärmt aber besser als jedes Pelzkrägelchen. Der originale Alexander wird mit Gin statt Brandy zubereitet.

180 ml Cognac oder Brandy
120 ml dunkler Crème de Cacao
120 g Sahne
120 ml Vollmilch
ca. 450 g Crushed Ice
Muskatnuss, frisch gerieben

Cognac oder Brandy mit Crème de Cacao, Sahne, Milch und Eis in einen Shaker geben und kräftig schütteln. Anschließend in 4 gekühlte Longdrinkgläser abgießen und mit Muskat bestreut servieren.

Abwandlungen des Klassikers

Maríitas Alexander

Ersetzen Sie den Cognac oder Brandy durch **180 Milliliter dunklen Rum** und Sahne sowie Milch durch **180 Milliliter gesüßte Kondensmilch.** Alle Zutaten in einen Mixer geben und zu einem sämigen Drink mixen. In 4 gekühlte Longdrinkgläser abgießen und servieren.

Vietnamesischer Alexander

In Vietnam trinkt man Kaffee gern eisgekühlt und außerdem sehr stark und mit cremiger gesüßter Kondensmilch angereichert.

Ersetzen Sie Sahne und Milch durch **180 Milliliter gesüßte Kondensmilch** und geben Sie zusätzlich zu den restlichen Zutaten noch **180 Milliliter gekühlten Espresso oder sehr stark aufgebrühten Kaffee** in den Mixer. Zu einem sämigen Drink mixen, in 4 gekühlte Longdrinkgläser abgießen und servieren.

Peppen Sie Ihre Party mit coolen Cocktails in ausgefallenen Gläsern auf. Stiellos ist keineswegs stillos, sondern liegt im Trend.

Manhattan

Dieser Old-School-Cocktail war der Lieblingsdrink von Frank Sinatra und dem Rat Pack und beschwört Bilder dunkler Mahagonibars, geschniegelter Kellner und gepflegter Gentlemen herauf. Mit dem Manhattan lässt sich wunderbar ein entspannter Abend mit Freunden beginnen – er macht einfach Lust auf mehr.

60 ml Rye (Whiskey)*

30 ml süßer Wermut

2 Schuss Angosturabitter

4 Eiswürfel

1 Maraschinokirsche

Der amerikanische Rye, ein Roggen-whiskey, wird aus einer Getreidemischung destilliert, die zu mindestens 51 Prozent aus Roggen besteht. Er reift in ausgekohlten Eichenfässern und ist trockener und weniger süß als sein Verwandter, der Bourbon.

Whiskey, Wermut, Angosturabitter und Eis in einen Shaker geben und kräftig schütteln. In ein gekühltes Glas abgießen, die Maraschinokirsche in den Drink geben und servieren.

Zwei Varianten mit trockenem Wermut

Perfect Manhattan
Ersetzen Sie die 30 Milliliter süßen Wermut durch **15 Milliliter süßen Wermut** und **15 Milliliter trockenen Wermut.**

Dry Manhattan
Ersetzen Sie den süßen Wermut komplett durch **trockenen Wermut.**

Süß und würzig
Wermut ist ein aufgespriteter und mit Wurzeln, Kräutern sowie Gewürzen aromatisierter Wein. Süßer Wermut hat, wie der Name schon vermuten lässt, einen relativ hohen Zuckergehalt – zwischen 10 und 15 Prozent –, trockener Wermut weist hingegen einen Zuckergehalt von nur vier Prozent auf.

Red Red Red

Rote Bete ist eine ungewöhnliche, aber hochwillkommene Zutat in Cocktails: Durch ihren hohen Zuckergehalt und ihre prächtige Farbe wertet sie den Drink geschmacklich und optisch auf. Hier wird die Bete zu Granita verarbeitet, Sternanis und Piment unterstreichen ihre erdige Note. Zum Schluss wird das Ganze mit erfrischendem Prosecco aufgegossen.

230 g gekochte Rote Bete*

1 Granny-Smith-Apfel, geschält, entkernt, in ca. 2 cm große Stücke geschnitten

230 g Kristallzucker

180 ml Apfelessig

6 Sternanis

2 TL Pimentkörner

750 ml Prosecco, gekühlt

Sie bekommen gekochte Rote Bete vakuumverpackt im Supermarkt. Rote Bete aus dem Glas ist zu weich und würde den Cocktail verwässern.

Rote Bete und Apfelstücke in der Küchenmaschine oder mit dem Stabmixer zu feinem Püree verarbeiten. Beiseitestellen.

Zucker mit 300 Milliliter Wasser, Apfelessig, Sternanis und Piment in einen Topf geben. Bei mittlerer Hitze unter Rühren so lange erwärmen, bis sich der Zucker aufgelöst hat. Das dauert etwa 5 Minuten. Das Rote-Bete-Apfel-Püree unterrühren. Vom Herd nehmen und auf Raumtemperatur abkühlen lassen.

Die Mischung durch ein feines Sieb in eine Backform (30 x 20 cm) abgießen, die festen Bestandteile entsorgen. Die Backform ins Gefrierfach stellen und die Granita alle 20 Minuten mit einer Gabel durchrühren. Die Granita sollte vollständig gefroren sein und eine breiige Konsistenz aufweisen.

Zum Servieren jeweils 3 bis 4 Esslöffel Granita in 6 Champagnergläser geben und mit Prosecco auffüllen.

Jaibol

Mein Großvater, Dr. Silvio Cuadra, ist 90 Jahre alt, arbeitet aber immer noch als Hausarzt in Granada, Nicaragua. Mittags kommt er zum Essen und für ein Nickerchen immer nach Hause und seit Urzeiten führt er sein kleines Ritual durch: Er sitzt im Schaukelstuhl gegenüber dem Rosengarten und genießt einen »Jaibol«. Ich habe lange gebraucht, um herauszufinden, dass er eigentlich »Highball« (engl. für Longdrink) sagt, und was genau das ist: Whiskey on the rocks. Mein »Jaibol« spiegelt meine Erinnerung an den Duft der Rosen und seines Rasierwassers wider.

45 ml **Rosen-Gin oder -Wodka**
(siehe S. 115f.)
20 ml St-Germain-
Holunderblütenlikör
30 ml **Blutorangen-Sour-Mix**
(siehe S. 120)
Eiswürfel

Rosen-Gin oder -Wodka, Holunderblütenlikör und Sour Mix in einen Shaker geben und kräftig schütteln. In ein mit Eis gefülltes Longdrinkglas abgießen und servieren.

Birnenbombe

Pfeffer und Salbei sorgen bei diesem birnenbasierten Cocktail für einen aromatischen Kontrast, Zitronenzesten und Ingwer steuern Säure und Schärfe bei. Den blumig-erdigen Hintergrund bildet Kamille-Birnen-Gin oder -Wodka.

- 1 Boscs Flaschen- oder Bartlett-Birne, geschält, entkernt, geraspelt
- 1 EL frische Ingwerwurzel, gerieben
- 1 EL Zitronenzesten
- 2 TL brauner Zucker
- 6 frische Salbeiblätter
- 1 Prise schwarzer Pfeffer, frisch gemahlen
- 45 ml **Kamille-Birnen-Gin oder -Wodka** (siehe S. 116f.)
- 30 ml Birnenbrandy*
- 2 Schuss Angosturabitter
- 1 Handvoll Crushed Ice

Birnenbrandy ist ein Eau de vie (»Wasser des Lebens«). Es gibt mehrere aus Früchten destillierte Weinbrände; einige Hersteller befestigen die Flaschen am Birnbaum, damit die Frucht im Inneren der Flasche wachsen kann.

Birnenraspel, Ingwer, Zitronenzesten, Zucker, Salbei und Pfeffer in einen Shaker geben und mit einem Stößel etwas zerstoßen. Kamille-Birnen-Gin oder -Wodka, Brandy, Bitter und Eis hinzufügen und kräftig schütteln. In ein gekühltes Glas abgießen und servieren.

Zubereitungstipp

Sollten Sie keinen Stößel haben, können Sie die Zutaten auch mit dem – möglichst dicken – Stiel eines Holzlöffels zerstoßen.

Die Birnenbombe finden Sie auf Seite 98 links abgebildet.

Flüssige Tarte

Dieser Cocktail ist von dem beliebten Nachtisch aus Frankreich inspiriert und kombiniert süßen Apfelwein mit erfrischendem Applejack sowie Zimt, Ingwer und Mazisblüte.

2 TL frische Ingwerwurzel, gerieben

1 TL Zitronenschale, fein gerieben

2 TL Zitronensaft

1 Prise gemahlener Zimt

1 Prise gemahlene Muskatblüte (Macis)*

¼ l Apfelwein

100 ml Applejack

4 Eiswürfel

Muskatblüte ist die getrocknete Samenhülle der Muskatnuss. Es gibt sie normalerweise gemahlen zu kaufen, sie kann aber auch fein abgerieben werden.

Ingwer, Zitronenschale, Zitronensaft, Zimt und Mazisblüte in einen Shaker geben und mit einem Stößel etwas zerstoßen. Apfelwein sowie Applejack hinzufügen und kräftig schütteln. In ein mit Eis gefülltes Glas abgießen und servieren.

So schmeckt der Herbst: Birnenbombe (links) und Flüssige Tarte (rechts)

Ananas-Express

Für diesen Cocktail sollten Sie den Ananassaft selbst zubereiten. Dadurch entwickelt der Drink einen köstlichen Schaum und eine unvergleichliche Frische. Bacon spielt bei diesem Cocktail gleich eine Doppelrolle, einmal im Bourbon und zum anderen als teuflisch knusprige und pikant-süße Garnierung.

450 g Baconwürfel

750 ml Bourbon

1 reife Ananas, geschält, vom Strunk
   befreit, in ca. 2 cm große Stücke
   geschnitten

2 TL Vanillearoma

selbst gemachter Sirup
   (siehe S. 118)

180 ml **Bacon-Bourbon**

2 Schuss Angosturabitter

Crushed Ice

Bacon zum Garnieren, in
   Scheiben geschnitten, mit etwas
   Puderzucker bestäubt kurz in der
   Pfanne karamellisiert

Verwenden Sie stark geräucherten Bacon, damit er möglichst viel Aroma an den Bourbon abgeben kann. Mild geräucherten Bacon schmecken Sie im Alkohol kaum.

Sie können den Bacon-Bourbon auch im Planter's Punch ausprobieren, dann erhält der Cocktail eine etwas andere Note als mit Rum.

Für den Bacon-Bourbon: 450 g Baconwürfel* in eine Pfanne geben und bei mittlerer Hitze unter Rühren auslassen. Mit einem Schaumlöffel herausheben und auf Küchenkrepp abtropfen lassen. Den Bacon anderweitig verwenden, das Fett in eine große Schüssel geben.

Das Fett etwa 10 Minuten auf Raumtemperatur abkühlen lassen, dann 120 Milliliter davon in ein weites 1-Liter-Einweckglas gießen. 750 ml Bourbon dazugießen, das Glas verschließen und für mindestens 6 Stunden ins Gefrierfach stellen. Anschließend mit einem Löffel die Fettschicht abkratzen und entsorgen. Den Bourbon durch ein Leinentuch in einem feinen Sieb in eine Schüssel abgießen und schließlich mithilfe eines Trichters in eine 750-Milliliter-Flasche füllen.

Ananasstücke und Vanillearoma in der Küchenmaschine zu einer schäumenden Mischung verarbeiten. Nach Geschmack mit Sirup süßen. Die Hälfte der Mischung in einen Shaker geben und 90 Milliliter Bourbon sowie 1 Schuss Bitter hinzufügen. Kräftig schütteln und in zwei mit Eis gefüllte Gläser abgießen. Den Vorgang mit der anderen Hälfte der Mischung wiederholen und alle Drinks mit Bacon garniert servieren.

Garnieren Sie diesen Luxusdrink zusätzlich mit Ananasstiften.

Margarita

Für 1 Portion

Die Zusammenführung von Tequila, Triple Sec und Limettensaft ist pure Alchemie im Glas; es gibt wohl kaum eine Bar auf der Welt, in der dieser Cocktail nicht auf der Karte steht. Der Drink wird zwar gekühlt und meist im Sommer serviert, wärmt aber auch im Winter.

50 g grobes Salz

½ Limette

Crushed Ice

60 ml Tequila

30 ml Triple Sec oder Cointreau

2 EL Limettensaft oder selbst gemachter **Limetten-Sour-Mix** (siehe S. 120)

Das Salz auf einen Teller geben. Den Rand eines Cocktailglases mit der Limette anfeuchten und den Glasrand im Salz drehen. Überschüssiges Salz abklopfen, das Glas mit Eis füllen.

Tequila, Triple Sec oder Cointreau und Limettensaft oder Sour Mix in einen Shaker geben. Kräftig schütteln und in das vorbereitete Cocktailglas abgießen.

Más Picante
Für eine feurige Margarita den Tequila durch **Pfeffer-Limetten-Tequila** (siehe S. 114) oder **Jalapeño-Minz-Koriander-Tequila** (siehe S. 114) ersetzen.

Zwei exotische Varianten

Grün vor Neid

¼ Stiel Zitronengras andrücken und mit ¼ Teelöffel grobem Salz, 45 Milliliter Limetten-Sour-Mix (siehe S. 120), 2 Esslöffel gehacktem Koriander und 2 Esslöffel gehackter Minze sowie Eis in einen Shaker geben. Anschließend wie im nebenstehenden Rezept beschrieben weiter verfahren. Mit Koriander und Minze garniert servieren.

Roter Lippenstift

30 Milliliter Triple Sec oder Ingwerlikör, z. B. Domaine de Canton*, 2 Esslöffel Blutorangen-Sour-Mix (siehe S. 120) und Eis in einen Shaker geben. Anschließend wie im nebenstehenden Rezept beschrieben weiter verfahren. Mit einer Blutorangenspalte garniert servieren.

*Domaine de Canton ist ein scharfer, intensiv duftender Likör, der aus frischem Ingwer hergestellt wird.

Shandy

Der Shandy oder Shandygaff klingt wie eine Erfindung von J.R.R. Tolkien, existiert aber wirklich. Er besteht aus Bier kombiniert mit einem kohlensäurehaltigen Getränk. Ich nehme am liebsten Ginger Beer, das wunderbar mit dem Lagerbier harmoniert und ihm einen würzigen Kick verleiht.

180 ml Lagerbier
120 ml Ginger Beer oder
   Ingwerbier*

* Ingwerbier gibt es sowohl mit als auch ohne Alkohol. Es schmeckt ein bisschen wie Ginger Ale, hat aber einen scharf-würzigen Ingwergeschmack.

Das Lagerbier in ein gekühltes Glas schenken. Ginger Beer hinzufügen und servieren.

Edlere Varianten

Melba Shandy
Ersetzen Sie das Lagerbier durch **Pfirsich-Fruchtbier** und ergänzen Sie das Getränk mit **60 ml Himbeerlikör** wie zum Beispiel Chambord.

Greyhound Shandy
Lassen Sie das Ginger Beer weg und kombinieren Sie das Lagerbier stattdessen mit **60 ml frischem Grapefruitsaft, 60 ml Sodawasser und 60 ml Wodka.**

Bloody Mary

Für 1 Portion

Bloody Mary wird gern zum Brunch getrunken, nicht zuletzt deshalb, weil der Cocktail als Allheilmittel nach feucht-fröhlichen Abenden gilt. Noch besser schmeckt er, wenn Sie den Tomatensaft selbst zubereiten; der aus der Packung ist zu salzig und nicht besonders erfrischend.

120 ml **selbst gemachter Tomatensaft** (siehe S. 121)
60 ml Wodka oder **Sellerie-Pfeffer-Wodka** (siehe S. 115)
Crushed Ice
2 kleine Stangen Sellerie mit Blättern
1 Zitronenspalte
2 gefüllte Oliven
2 Cocktailzwiebeln

Tomatensaft und Wodka in einen Shaker geben und kräftig schütteln. Auf ein mit Eis gefülltes Glas abgießen und mit Sellerie, Zitrone, Oliven und Cocktailzwiebeln garniert servieren.

Eine Runde aufs Haus
Dieses Rezept lässt sich mühelos vervielfachen. Das Rezept für den selbst gemachten Tomatensaft ergibt etwa ½ Liter, das Vierfache der für 1 Drink benötigten Menge.

Mit spanischem Akzent

Bloody María

Ersetzen Sie den Wodka durch **Jalapeño-Minz-Koriander-Tequila** (siehe S. 114) und garnieren Sie den Drink mit frischem Koriander sowie mit **eingelegten Jalapeño-Schoten.**

Black Russian

Der Black Russian ist ein schnittiger Klassiker aus Wodka – daher der Name »Russian« – und Kaffeelikör – daher der Namenszusatz »schwarz«. Es gibt ihn aber auch in Weiß.

Eiswürfel
60 ml Wodka
30 ml Kaffeelikör, z. B. Kahlúa

Einen Tumbler mit Eiswürfeln füllen. Mit Wodka und Kaffeelikör aufgießen, umrühren, servieren.

Aber bitte mit Sahne!

White Russian
Fügen Sie dem Cocktail noch **30 Gramm Sahne** hinzu.

Zubereitungstipp
Verleihen Sie diesem Cocktail einen Extrakick durch Kaffee-Eiswürfel: Dafür 1 Kanne Kaffee aufbrühen, den Kaffee auf Raumtemperatur abkühlen lassen, in eine Eiswürfelform gießen und gefrieren lassen.

Der White Russian (links) unterscheidet sich vom Black Russian (rechts) nur durch die Zugabe von Sahne.

Spezialzutaten: selbst aromatisierte Spirituosen, Sirup & Co.

Aromatisierte Spirituosen bilden die Grundlage vieler Cocktails. Sie verleihen dem Drink eine subtile Note, die man nicht sofort herausschmeckt, die aber die anderen Aromen hervorragend ergänzt. In ähnlicher Weise macht auch mit Gewürzen und Kräutern zubereiteter Sirup aus einem schlichten Drink etwas ganz Besonderes. Darüber hinaus eignen sie sich sehr gut zum Verschenken oder als Mitbringsel zu einer Cocktailparty.

Das ganze Jahr über gibt es frisches Obst und Gemüse, das Sie zum Aromatisieren von Spirituosen verwenden können. Wie wär's beispielsweise mit Orangen, Zitronen, Paprikaschoten, Kräutern oder essbaren Blüten?

Selbst aromatisierte Spirituosen

Ergibt 750 ml

Bei einem Cocktail werden Spirituosen meist ohnehin mit anderen Aromen kombiniert, doch Sie können auch die Spirituosen selbst aromatisieren. Das geht ganz einfach, experimentieren Sie dabei ruhig einmal mit verschiedenen Zutaten. Ihrer Fantasie sind keine Grenzen gesetzt. Sollten Sie noch unsicher sein, fangen Sie zunächst mit einer kleinen Menge an.

Zubereitungstipp

Spanischer Pfeffer kann sehr scharf sein. Sie können die Schärfe abmildern, indem Sie den Tequila zunächst nur über die Limetten gießen, diesen 3 Tage stehen lassen und dann erst die Pfefferschoten hinzufügen. Gießen Sie den Pfeffer-Limetten-Tequila bereits nach 1 Stunde oder maximal 1 Tag ab.

Die Schoten des Spanischen Pfeffers sind leuchtend rot oder grün, schlank und etwa 5 Zentimeter lang. Ihre Schärfe verdanken sie vor allem den Kernen – die können, falls gewünscht, auch entfernt werden. Ersatzweise nehmen Sie frische Chilischoten.

Die Zubereitung selbst aromatisierter Spirituosen folgt immer einem bestimmten Schema. Der erste Schritt ist je nach Zutaten von Rezept zu Rezept anders; dann lässt man die Spirituose eine Zeit lang stehen, bis sie das gewünschte Aroma erreicht hat, und schließlich wird sie durch ein Sieb abgegossen. Aromatisierte Spirituosen halten sich sehr lange.

DUFTENDE UND GESCHMACKSINTENSIVE VARIATIONEN

Pfeffer-Limetten-Tequila

Pfeffer-Limetten-Tequila passt gut zur **Margarita** (siehe S. 102) und zur **Bloody María** (siehe S. 107).

4 frische Schoten Spanischer Pfeffer*, gewaschen, längs halbiert
2 Limetten, gewaschen, geviertelt
750 ml weißer oder silberner Tequila

Pfefferschoten und Limetten in ein 1-Liter-Einweckglas geben. Tequila dazugießen, das Glas gut verschließen und schütteln. 3 bis 5 Tage an einen kühlen, dunklen Ort stellen und 2- bis 3-mal am Tag schütteln.

Jeden Tag kosten; der Pfeffer-Limetten-Tequila ist fertig, wenn die gewünschte Geschmacksintensität erreicht ist.

Durch ein feines Sieb in ein sauberes Gefäß abgießen, feste Bestandteile entsorgen. Den Pfeffer-Limetten-Tequila mithilfe eines Trichters in die Originalflasche zurückgießen.

Jalapeño-Minz-Koriander-Tequila

Ersetzen Sie den Spanischen Pfeffer durch **4 frische Jalapeño-Schoten** und die Limetten durch **je 1 Handvoll frische Koriander- und Minzblättchen**.

Sellerie-Pfeffer-Wodka

Der Sellerie-Pfeffer-Wodka passt besonders gut zur **Bloody Mary** (siehe S. 106).

2 EL schwarze Pfefferkörner
4 Stangen Sellerie, gewaschen, geputzt
750 ml Wodka

Den Pfeffer in einer kleinen Pfanne etwa 2 Minuten bei mittlerer Hitze unter Rühren anrösten, bis er zu duften beginnt. Mit dem Sellerie in ein 1-Liter-Einweckglas geben. Wodka dazugießen, das Glas gut verschließen und schütteln. 3 bis 5 Tage an einen kühlen, dunklen Ort stellen und 2- bis 3-mal am Tag schütteln.

Jeden Tag kosten; der Sellerie-Pfeffer-Wodka ist fertig, wenn die gewünschte Geschmacksintensität erreicht ist.

Durch ein feines Sieb in ein sauberes Gefäß abgießen, feste Bestandteile entsorgen. Den Sellerie-Pfeffer-Wodka mithilfe eines Trichters in die Originalflasche zurückgießen.

Rosen-Gin oder -Wodka

Mit getrockneten Rosenblütenblättern kann man nicht nur Poesiealben füllen – in Gin oder Wodka eingelegt, verwandeln sie jeden Cocktail in einen Zaubertrank. Fügen Sie nach Belieben noch 2 Esslöffel schwarze Pfefferkörner hinzu.

30 g essbare getrocknete Rosenblütenblätter*
750 ml Gin oder Wodka

Essbare Blüten bekommen Sie im Lebensmittelfachhandel oder über das Internet.

Rosenblütenblätter in ein 1-Liter-Einweckglas geben. Gin oder Wodka dazugießen, das Glas gut verschließen und schütteln. 3 bis 5 Tage an einen kühlen, dunklen Ort stellen und 2- bis 3-mal am Tag schütteln.

Jeden Tag kosten; der Rosen-Gin oder -Wodka ist fertig, wenn die gewünschte Geschmacksintensität erreicht ist.

Durch ein feines Sieb in ein sauberes Gefäß abgießen, feste Bestandteile entsorgen. Den Rosen-Gin oder -Wodka mithilfe eines Trichters in die Originalflasche zurückgießen.

(Fortsetzung siehe S. 116)

(Forsetzung von S. 115)

Brombeer-Thymian-Gin oder -Wodka

Die säuerlichen Brombeeren ergänzen das zitronige Kräuteraroma des Thymians optimal und peppen jeden Cocktail auf. Probieren Sie den Brombeer-Thymian-Gin oder -Wodka auch einmal pur on the rocks mit etwas Zitronenschale garniert – ein Genuss!

500 g Brombeeren, gewaschen
1 Bund Thymian, gewaschen
750 ml Gin oder Wodka

Brombeeren und Thymian in ein 1-Liter-Einweckglas geben. Gin oder Wodka dazugießen, das Glas gut verschließen und schütteln. 3 bis 5 Tage an einen kühlen, dunklen Ort stellen und 2- bis 3-mal am Tag schütteln.

Jeden Tag kosten; der Brombeer-Thymian-Gin oder -Wodka ist fertig, wenn die gewünschte Geschmacksintensität erreicht ist.

Durch ein feines Sieb in ein sauberes Gefäß abgießen, feste Bestandteile entsorgen. Den Brombeer-Thymian-Gin oder -Wodka mithilfe eines Trichters in die Originalflasche zurückgießen.

Kumquat-Thymian-Gin oder -Wodka

Ersetzen Sie die Brombeeren durch **350 Gramm in Scheiben geschnittene Kumquats.**

Kamille-Birnen-Gin oder -Wodka

Das Wildblumenaroma der Kamille passt perfekt zur Birne.

100 g getrocknete Kamillenblüten*
2 Birnen, geschält, entkernt, in Würfel geschnitten
750 ml Gin oder Wodka

Essbare Blüten bekommen Sie im Lebensmittelfachhandel oder über das Internet.

Kamillenblüten und Birnenwürfel in ein 1-Liter-Einweckglas geben. Gin oder Wodka dazugießen, das Glas gut verschließen und schütteln. 3 bis 5 Tage an einen kühlen, dunklen Ort stellen und 2- bis 3-mal am Tag schütteln.

Jeden Tag kosten; der Kamille-Birnen-Gin oder -Wodka ist fertig, wenn die gewünschte Geschmacksintensität erreicht ist.

Durch ein feines Sieb in ein sauberes Gefäß abgießen, feste Bestandteile entsorgen. Den Kamille-Birnen-Gin oder -Wodka mithilfe eines Trichters in die Originalflasche zurückgießen.

Ananas-Gewürz-Rum

Rum, Gewürze und Ananas treffen sich häufig in Cocktails, insbesondere in karibisch angehauchten. Dieser hausgemachte Gewürzrum wird mit frischer Ananas zubereitet, die man im fertigen Cocktail dann auch besonders herausschmeckt.

1 EL Pimentkörner
2 TL ganze Gewürznelken
1 TL schwarze Pfefferkörner
3 Stangen Zimt
1 Ananas, geschält, in Würfel geschnitten
750 ml dunkler Rum

Piment, Nelken, Pfeffer und Zimt in einer kleinen Pfanne etwa 2 Minuten bei mittlerer Hitze unter Rühren anrösten, bis die Gewürze zu duften beginnen. Mit Ananaswürfeln in ein 1-Liter-Einweckglas geben. Rum dazugießen, das Glas gut verschließen und schütteln. 3 bis 5 Tage an einen kühlen, dunklen Ort stellen und 2- bis 3-mal am Tag schütteln.

Jeden Tag kosten; der Ananas-Gewürz-Rum ist fertig, wenn die gewünschte Geschmacksintensität erreicht ist.

Durch ein feines Sieb in ein sauberes Gefäß abgießen, feste Bestandteile entsorgen. Den Ananas-Gewürz-Rum mithilfe eines Trichters in die Originalflasche zurückgießen.

Selbst gemachter Sirup

Ergibt ca. 300 ml

Sirup selbst herzustellen ist wahrlich kein Hexenwerk. Das Verhältnis von Zucker zu Wasser hängt auch davon ab, wie dickflüssig das Ergebnis sein soll. Ich verwende Zucker und Wasser gern zu gleichen Teilen; dann ist der Sirup noch gießfähig und löst sich gut im Cocktail auf.

230 g Kristallzucker

Den Zucker mit 230 Milliliter Wasser in einen kleinen Topf geben. Bei mittlerer Hitze zum Kochen bringen und unter Rühren köcheln lassen, bis sich der Zucker vollständig aufgelöst hat. Auf Raumtemperatur abkühlen lassen und in einem verschlossenen Behälter im Kühlschrank aufbewahren. Sirup hält sich gekühlt sehr lange.

Variationen eines simplen Themas

Honigsirup

Honig löst sich in heißen Getränken sehr gut auf – in gekühlten sinkt er schlicht auf den Boden des Glases und weigert sich, seine Süße abzugeben. Ganz anders Honigsirup: Den bringt auch der eisigste Drink zum Schmelzen.

230 g Honig

Honig mit 230 Milliliter Wasser in einen kleinen Topf geben. Bei mittlerer Hitze zum Kochen bringen und unter Rühren köcheln lassen, bis sich der Honig vollständig aufgelöst hat. Auf Raumtemperatur abkühlen lassen und in einem verschlossenen Behälter im Kühlschrank aufbewahren. Honigsirup hält sich gekühlt sehr lange.

Eine Schlüsselzutat

Sirup hat den Vorteil, dass er sich auch in gekühlten Cocktails sehr gut auflöst, während sich Kristallzucker meist am Boden des Glases absetzt und kaum Süße abgibt. Ein kleiner Vorrat an selbst gemachtem Sirup empfiehlt sich immer; er schmeckt auch hervorragend in Eistee und Limonade.

Zitronen-Salbei-Sirup

Zitrone und Salbei verleihen der Süße dieses Sirups eine ganz
besondere Note.

340 g Kristallzucker
60 g frische Salbeiblätter
2 EL fein abgeriebene Zitronenschale
120 ml Zitronensaft
1 Prise Salz

Zucker, Salbei und Zitronenschale mit der Küchenmaschine zu einer
Paste verarbeiten. Mit Zitronensaft, 120 Milliliter Wasser und Salz in
einen Topf geben und unter Rühren etwa 5 Minuten bei mittlerer Hitze
erwärmen, bis sich der Zucker vollständig aufgelöst hat. Noch etwa
10 Minuten bei geringer Hitze weiterköcheln lassen, anschließend den
Topf vom Herd nehmen und den Sirup auf Raumtemperatur abkühlen
lassen. Durch ein feines Sieb abgießen, die festen Bestandteile entsorgen.
Der Zitronen-Salbei-Sirup hält sich gekühlt in einem verschlossenen
Behälter bis zu 1 Monat.

Sirup mit rosa Pfeffer

Hier trifft Süße auf sanfte Schärfe.

340 g Kristallzucker
30 g ganze rosa Pfefferbeeren, zerstoßen

Zucker mit 240 Milliliter Wasser und rosa Pfeffer in einen Topf geben
und unter Rühren etwa 5 Minuten bei mittlerer Hitze erwärmen, bis
sich der Zucker vollständig aufgelöst hat. Vom Herd nehmen und auf
Raumtemperatur abkühlen lassen. Durch ein feines Sieb abgießen, die
festen Bestandteile entsorgen. Der Sirup hält sich gekühlt in einem verschlossenen Behälter bis zu 1 Monat.

Selbst gemachter Sour Mix

• Ergibt ca. ¾ Liter •

Fertiger Sour Mix, auch als Bar Mix bezeichnet, ist zwar praktisch, aber unglaublich süß; zudem mangelt es ihm an der angenehmen Säure frischer Zitrusfrüchte. Auch Sour Mix können Sie ganz einfach selbst herstellen: Zucker und Wasser aufkochen, etwas Zitrone und Limette dazu – fertig. Sie werden den Unterschied schmecken.

Verwenden Sie den selbst gemachten Sour Mix für die **Margarita** (siehe S. 102) oder zum Aromatisieren schlichter Drinks wie Wodka on the rocks.

230 g Kristallzucker
2 EL fein abgeriebene
   Zitronenschale
2 EL fein abgeriebene
   Limettenschale
240 ml Zitronensaft, frisch gepresst
240 ml Limettensaft, frisch gepresst

Zucker sowie Zitronen- und Limettenschale mit der Küchenmaschine zu einer Paste verarbeiten. Mit 240 Milliliter Wasser in einen Topf geben und unter Rühren bei mittlerer Hitze so lange erwärmen, bis sich der Zucker vollständig aufgelöst hat. Auf Raumtemperatur abkühlen lassen. Zitronen- und Limettensaft unterrühren und in einem verschlossenen Behälter im Kühlschrank aufbewahren. Der Sour Mix hält sich gekühlt bis zu 1 Monat.

Zwei fruchtige Optionen

Limetten-Sour-Mix
Verwenden Sie **360 Milliliter frisch gepressten Limettensaft** und **120 Milliliter frisch gepressten Zitronensaft.**

Blutorangen-Sour-Mix
Verwenden Sie **3 Esslöffel fein abgeriebene Blutorangenschale, 480 Milliliter frischen Blutorangensaft*** und **2 Esslöffel frischen Zitronensaft.**

*Blutorangen sind typische Winterfrüchte und zwischen Dezember und März erhältlich. Am besten schmecken die Sorten Moro und Tarocco: Sie sind zugleich säuerlich und süß, mit einem Aroma von roten Beeren.

Selbst gemachter Tomatensaft

Tomatensaft aus der Packung ist oft sehr salzhaltig und erfrischt deshalb nicht, sondern erzeugt Durst. Warum also nicht darauf verzichten, wenn die Zubereitung von Tomatensaft doch so einfach ist? Für dieses Rezept eignen sich kleinere Sorten besser, vor allem im Winter, wenn es den größeren Treibhaustomaten an Geschmack fehlt.

1 kg Kirschtomaten, gehackt

2 Stangen Sellerie, gehackt

2 mittelgroße Karotten, geschält, geraspelt

60 g glatte Petersilie, gehackt

30 g Korianderblättchen, gehackt

2 EL Kristallzucker

1 EL Worcestershiresauce

1 EL frischer Meerrettich, fein gerieben

1½ TL Salz

Selleriesalz

schwarzer Pfeffer, frisch gemahlen

1 Spritzer Tabasco

2 EL Zitronensaft, frisch gepresst

Alle Zutaten mit der Küchenmaschine zu einer Sauce pürieren und durch ein feines Sieb passieren. Nach Belieben noch mit Salz, Selleriesalz, Pfeffer, Tabasco und/oder Zitronensaft abschmecken. Vor dem Servieren umrühren, da sich am Boden eventuell feste Bestandteile absetzen.

Danksagung

Wo anfangen? Ich wuchs unter Frauen auf, die mich in ihrer Küche willkommen hießen und stets wie eine Erwachsene behandelten. Meine Großmutter Muriel Hüper de Argüello war und ist eine eigensinnige Schönheit, die es genoss, aufwendige Mahlzeiten zuzubereiten. Meine Großmutter väterlicherseits, Bertha Chamorro de Cuadra, ist ebenso eigenwillig, inspirierend und voller Humor. Beide Frauen haben das, was man vielleicht am besten als Geschichte des Verlusts bezeichnen kann, hinter sich, blieben dabei jedoch immer das Rückgrat unserer Familien. Ich danke ihnen für jede Lektion, die sie mich lehrten. Auch meine Großväter impften mir die Liebe zu Speis und Trank ein. Dr. Silvio Cuadra Sáenz nahm mich samstags immer mit zum Markt und dann mit auf seinen Bauernhof, wo ich lernte, Kühe zu melken und dass Tiere, wollen wir sie essen, nun einmal geschlachtet werden müssen. Er brachte mir Furchtlosigkeit und Mitgefühl bei. Alejandro Argüello Sáenz – Charmeur, Tänzer, Dandy, Feinschmecker … *Cuánta falta me hace.*

Ich danke meiner Mutter María Argüello, die alles für mich ist: beste Freundin, Vertraute, Lehrerin. Sie hat mir ihre Leidenschaft für harte Arbeit und für alles Schöne und Köstliche vererbt. *Mami, te lo debo todo.*

Gracias a mi papá, José Cuadra Chamorro, y a mis hermanitos (los niños) José Alejandro, Juan Carlos y Eugenio, los hombres de mi vida quienes siempre me han apoyado y aguantado. Sin ustedes, sin su amor, sin sus sentidos de humor y pasión por la vida, no sería la misma.

Ich danke meinem Mann Octavio Sacasa Pasos, der eine Medaille dafür verdient, dass er mir stets beistand *en las duras y en las maduras.* Sie, Sir, sind mein größter Fan und sehen sanft lächelnd dabei zu, wie ich durchs Leben schlittere – dafür gebührt dir meine ganze Liebe und Dankbarkeit. Ich danke meinen Freunden und meiner Familie, die mir immer die Tränen in die Augen treiben, wenn sie mir sagen, wie stolz sie auf mich sind: Judith Vanessa Pasos-Carreño, Meghan Erwin Hack, Meghan de Andrade, Alejandro Sacasa Pasos, Los Zampieri, Los Sacasa Pasos, Los Marín Pasos.

Ich danke allen, die am Entstehen dieses Buchs beteiligt waren: meiner Lektorin Margaret McGuire, der Layouterin Katie Hatz, dem Presseteam von Quirk Books, den Foodstylistinnen Emily Rickard und Penelope Bouklas, Eric Martz, meiner kulinarischen besseren Hälfte Dean Sheremet, Geraldine Pierson und Lea Siegel sowie Good Light Studio.

Und last, but not least danke ich Tara Striano. Es ist, als saßen wir erst gestern auf deinem Balkon und unterhielten uns über die Idee, dieses Buch zu machen. Ohne deine Unterstützung, deinen Humor und dein Organisationstalent wäre es nicht zustande gekommen. Ich liebe dich, Babe!

—María del Mar (s. Foto S. 122, links)

Als Erstes möchte ich meiner Mutter danken. Du warst immer für mich da und gabst mir die Unterstützung, die nur eine Mutter geben kann. Ich schreibe das nur für dich, Mom – ich liebe dich. Und Dad: Wärst du hier, wärst du mit Sicherheit unheimlich stolz auf mich. Ich danke Eric Martz für die grenzenlose Liebe und Unterstützung. Ohne dich hätte ich es nicht geschafft.

Ich danke Penelope Bouklas und Emily Rickard dafür, dass jedes Foto in diesem Buch wunderschön aussieht. Euren Begabungen sind keine Grenzen gesetzt. Ich danke Geraldine Pierson für ihre Hilfe und für das Porträt von María und mir. Wir haben schon viel gemeinsam erlebt, und ich freue mich auf mehr. Ich danke Lea Siegel, dass wir auf dem Porträt so schön aussehen. Ferny Chung Studios: Eure Großzügigkeit hat das Porträt zu einer außergewöhnlichen Erfahrung gemacht. Ein großes Dankeschön an die Bausches sowie an Benny und Pantera für die Unterbringung. Ich danke Margaret McGuire, Katie Hatz und allen anderen bei Quirk Books dafür, dass sie dieses Buch möglich gemacht haben. Und schließlich möchte ich mich vor allem bei María bedanken: Es ist so toll, dass wir uns getroffen haben. Du bist einfach unglaublich – ich liebe dich und alles, was du bist.

—Tara

Bezugsquellen

Für einen guten Wintercocktail brauchen Sie nicht allzu viele Zutaten. Sollte dennoch einmal etwas in Supermarkt, Kühlschrank oder Vorratskammer fehlen, finden Sie hier hilfreiche Adressen.

Barfish
Eine große Auswahl an internationalen Spirituosen mit Schwerpunkt auf Rum und Gin sowie Sirupe in allen denkbaren Geschmacksrichtungen.
www.barfish.de

Barstuff
Alles, was die Bar braucht: Utensilien, Zubehör, Gläser, Bücher, Bitter und Sirup
www.barstuff.de

Bierlinie
Bietet eine breite Palette an Bieren, u.a. auch Lambics und Fruchtbiere.
www.bierlinie.de

Cookplanet
Reiches Angebot an Küchenutensilien, darunter auch Barzubehör.
www.cookplanet.de

Gewürzmanufaktur pure!
Gewürze und essbaren Blüten.
www.pure-gewuerze.de

Gourmondo.de
Anbieter für Feinkost und Spezialitäten aus aller Welt, unter anderem auch internationale Biere und Spirituosen.
www.gourmondo.de

Rimoco
Anbieter von exotischen Gewürzen und Kräutern aus aller Welt.
www.rimoco.de

Register